対話的違憲審査の理論

佐々木雅寿 著
Sasaki Masatoshi

三省堂

はしがき

本書は、違憲審査制や憲法保障に関して、従来とは異なる新しい視点をもたらす「対話的違憲審査の理論」を提示しようとするものである。

従来の議論と本書との違いを一言で表せば、「静止画」と「動画」との違いである。従来の議論は、自覚するか否かはともかく、人権保障や憲法的価値を実現するという憲法保障は、最高裁判所（以下「最高裁」）の違憲審査という一つの点によって実現すると考える傾向が強かった。そのため、憲法保障の担い手としては最高裁のみが強く意識され、他の国家機関や国民などの役割や機能については必ずしも十分な関心が払われていなかった。このような従来の議論は、最高裁の違憲審査の時点で撮られた「静止画」によって憲法保障をとらえる方法といえよう。

それに対し本書は、時間の流れを止めずに、「動画」として、憲法保障の流れをとらえる。すなわち、憲法秩序を守るという憲法保障は、最高裁による違憲審査という一つの点によって実現するのではなく、国会の法律制定⇩最高裁の違憲審査⇩国会の法改正⇩最高裁の更なる違憲審査⇩国会の更なる法改正という、最高裁と国会などとの相互作用のプロセスによって実現すると考える。本書ではこの相互作用のことを「対話」と呼ぶ。日本においても、憲法に関する対話は、最高裁、国会、行政府、地方公共団体、それに国民などによって実際に行われている。そのため本書は、憲法保障に関しては、最高裁のみならず、国会、行政府、地方公共団体、国民などもそれぞれ重要な役割を担っていると考える。

このように最高裁と国会などとの対話に着目する視点は、近年では、カナダの憲法学説と判例によって形成された「対話理論」の影響の下、多くの国の憲法学説に取り入れられようとしている。しかし、このような視点は日本にとって決して未知のものではない。戸松秀典教授は、すでに一九九三年の『立法裁量論』（有斐閣）三二三頁で以下のように指摘している。すなわち、「司法審査を媒介として、議会と裁判所の間には、対抗関係と補完関係との二つの相互作用が生み出されることになる。……最高裁判所を、最終の憲法の番人として受け止めることはできよう。しかし、最高裁判所による違憲の判断が、憲法価値についての文字どおりの最終決定となるわけではないことにも注意を向けなければならない。ある法律が違憲であると最高裁判所により判断されたとき、その裁判書は、国会に送付されることになっており（最高裁判所裁判事務処理規則一四条）、それを受けて、国会は、当該法律の改廃を行うことが予定されているのである。国会は、最高裁判所の判断に応諾することも、対抗することも可能である。対抗の要素を含んだ法律の改正に対して、最高裁判所がさらに自己の判断を加える場合があることも予定されている。こうして、相聳立する二つの統治機関の間で、そこに社会の様々な関係要因を絡ませながら、憲法価値の実現が図られることになっている。そこには、憲法価値をめぐる十分な論議が尽くされることが求められ、そうであれば、憲法の意図する民主制の統治機構がよく機能しているということができるのである。」。

はしがき

本書は、カナダの対話理論と戸松教授の指摘から刺激を受けたものである。しかし、本書には、新しい視点を示すことに加え、以下の特徴がある。第一の特徴は、日本においても憲法に関する対話が実際に行われていることを、法律を違憲と判断した最高裁判例とその後の国会や行政府の対応を詳細に分析することによって実証した点である。第二は、最高裁が示した憲法判断の内容に加え、最高裁の違憲判決後、国会や政治部門などがどのような対応をしたのかまたはしなかったのかも検討し、国民などの対話への参加の仕方も考慮し、対話を促進させるために必要な理論と制度とを提案することである。第三の特徴は、日本国憲法の基本的枠組みに適合的で、かつ、日本における憲法的対話の実状をふまえたうえで、日本の現状を説明し、現状を批判し、さらに、現状をあるべき方向へと誘導するための「対話的違憲審査の理論」を独自に体系化したことである。

このような特徴をもつ本書は、第一部で対話的違憲審査の理論の概要を示し、その具体的なイメージを得てから、第二部で憲法的対話が日本において実際に行われていることを最高裁の判例とその後の国会などの対応を分析することにより実証的に示し、最後の第三部で対話的違憲審査の理論が要請する理論と制度とを検討する。本書は、すでに公表している「対話的違憲審査の理論―法の支配と憲法的対話の融合―」『新世代法政策学研究』一九号一頁（二〇一三年）を基にしているが、多くの部分は加筆している。特に憲法的対話の現状を実証する第二部は、大幅に加筆した。

そのため、第二部にかなりのスペースが割かれている。そこでは、多くの最高裁判決の内容を説明し、その後の国会などの動きも、国会の議事録などを用いて分析している。この第二部は、本書が提示する「対話的違憲審査の理論」にとって不可欠の要素となっている。しかし、判例の細かな説明や国会の議事録などにあまり興味をもてない読者が、各章のはじめの部分と最後のまとめを読んで、中間の説明を省略しても、各章の主旨がなるべく伝わるように工夫してある。それぞれの読者に合った方法で本書を読んでほしい。

本書の内容に関しては、大阪市立大学大学院法学研究科の渡邊賢教授から、憲法研究者の視点からの貴重な助言をいただいた。この場をかりて感謝したい。

また、華道の教授である妻裕子は、一般の読者の視点から本書の内容や表現の仕方について、丁寧なアドバイスをしてくれた。筆者が研究者としての道をこれまで歩むことができたのは、あらゆる面でサポートしてくれた妻がいたからである。心から感謝したい。

本書の出版にあたり大変お世話になった三省堂六法・法律書編集室の黒田也靖氏にも謝意を表したい。

最後に、今は亡き両親に本書を捧げたい。

二〇一三年五月三日

佐々木雅寿

※　本書はＪＳＰＳ科研費２４５３００１７の助成を受けた研究の一部である。

もくじ

もくじ

第三章　衆議院の議員定数不均衡に関する対話……79

もくじ

もくじ

第一〇章 要請される制度……220

装丁＝坂井正規（支岐デザイン事務所）

凡例

［判例・出典等略称］

判例の典拠については、次のように略記した。

例：最大判昭和四八年四月四日刑集二七巻三号二六五頁は、最高裁判所昭和四八年四月四日大法廷判決・最高裁判所刑事判例集二七巻三号二六五頁所収を示す。

判例中の音便については、原典にかかわらず「っ」のように表記した。

［判例の略称］

最大判……最高裁判所大法廷判決

最二小決……最高裁判所第二小法廷決定

最一小判……最高裁判所第一小法廷判決

高判……高等裁判所判決

最大決……最高裁判所大法廷決定

［判例集の略称］

民集……最高裁判所民事判例集

判時……判例時報

刑集……最高裁判所刑事判例集

判タ……判例タイムズ

集民……最高裁判所裁判集民事

第一部　対話的違憲審査の理論

序章　「対立」から「対話」へ

1　従来の視点とその問題点

日本国憲法八一条は、「最高裁判所は、一切の法律、命令、規則又は処分が憲法に適合するかしないかを決定する権限を有する終審裁判所である。」と規定する。最高裁判所（以下「最高裁」）や下級裁判所が国会によって制定された法律などの憲法適合性を審査することを違憲審査といい、その権限のことを違憲審査権という。

日本における従来の議論では、違憲審査を行う最高裁と国会との関係の理解の仕方には、以下の三つの特徴があった。第一に、最高裁と国会とを対立的な関係でとらえ、両者の協働や相互作用には必ずしも十分な関心を払ってこなかった。第二は、最高裁と国会との関係を、最高裁の違憲判決の時点を基準時として、時間の流れを止めて、最高裁と国会との関係を静態的に論じる傾向である。例えば、最高裁の憲法判断はなぜ国会の判断に優位するのか、また、選挙で選ばれていない裁判官による違憲審査によって選挙で選ばれた国会議員が制定する法律の効力が失われることは民主主義の下で正当化されるのか（以下「違憲審査の民主的正当性」）などの議論は、最高裁と国会との関係を最高裁の違憲判決の時点で静止画としてとらえ、憲法問題に関する最高裁の判断と国会の判断とではどちらが正しいのかという、「最高裁か国会か」という二者択一的な思考傾向が強かった。そして第三に、違憲審査を語る場合、主に、最高裁は何をどのように判断したのかまたは判断すべきなのかに焦点を当てるが、最高裁の憲法判断が示された後に国会がどのような議論を経ていかなる対応をしたのかについては、ほとんど関心を示してこなかった。

このような従来の議論は、人権保障や憲法が重視する諸価値（以下「憲法的価値」）を実現し、憲法秩序を守るという憲法保障の主要な役割は最高裁が担うという前提に立っていると考えられる。つまり、最高裁は人権保障の主体であるが、国会は人権侵害の主体であり、人権保障の役割を担わないという前提があったと考えられる。

このような従来の議論には、以下のような問題点がある。第一に、従来の議論では、違憲審査と民主主義との緊張関係が過度に強調される傾向があり、その結果、最高裁が国会の判断を尊重し、違憲判決を出すことに消極的になることを正当化しうる議論状況が生まれた。日本の最高裁が違憲判決を出すことに極めて消極的ないわゆる司法消極主義の立場をとってきたことはつとに批判されてきたが、この問題の背景には、違憲審査と民主主義との緊張関係を過度に強調する傾向のあった従来の議論の影響もあったと考えられる。第二に、最高裁のみの憲法保障機能を重視するあまり、最高裁への過度の期待を生み、最高裁がその期待に応えない場合、最高裁への過度の失望を生むことになる。ここでは、憲法保障に関し最高裁がすべきことやできることを超えて、何でも最高裁に任せる発想が芽生えやすい。その結果第三に、憲法保障に関し、最高裁以外の国家機関が負うべき責任や機能、あるいは、主権者としての国民などがとるべき姿勢などについて、必ずしも十分な注意が払われてこなかった。第四に、従来の議論では、日本の現状を十分に説明し、評価することができないという問題がある。本書の第二部が実証するように、日本においては、最高裁と国会や政治部門（立法府と行政府の両方）などとの対話という相互作用によって憲法の内容が具体化され、対話というプロセスによる憲法保障が行われている。しかし、最高裁の違憲審査のみに焦点をあてる従来の議論は、そのような対話のプロセスによる憲法保障を、最高裁による違憲審査という一つの点でのみでとらえていたのである。そのため、従来の議論は、憲法保障の一つの側面のみをとらえる理論であり、その全体像を把握し、評価するための理論としては必ずしも十分に広い視野をもっていなかったのである。ここに、憲法保障の全体像を説明するための新たな理論の必要性がある。

2　「対話」という新たな視点

従来の議論とは異なり、人権保障や憲法的価値の実現という憲法保障は、最高裁と国会や政治部門との「対話」という相互作用によって実現するという視点から違憲審査をとらえる「対話理論」

が、近年、比較憲法学という学問分野において注目されている。

対話理論は、人権保障や憲法的価値の実現は最高裁による違憲判決という一つの点によって実現するのではなく、主に、最高裁と国会や政治部門との対話という一連の相互作用のプロセスの中で実現するものと考える。すなわち、対話理論は、最高裁と国会や政治部門との関係を、①対立的視点ではなく、②時間の流れの中でダイナミックな相互作用として動態的にとらえ、③最高裁が示す憲法判断に加え、最高裁の憲法判断に対する国会などの対応をも検討する新たな視点を提示する。

このような新たな視点は、近年では主に、カナダにおける対話理論の影響を強く受けている。そこで以下では、カナダで提唱されている対話理論について簡単に触れる。

3　カナダにおける対話理論

カナダにおいては、違憲審査の民主的正当性に関する積極的根拠の一つとして対話理論が提唱された。その背景には以下の事情があった。すなわち、カナダでは、一九八二年憲法が、カナダ憲法史上はじめて、憲法の人権保障規定である「権利および自由に関するカナダ憲章」（以下「人権憲章」）を規定したが、それ以降、裁判所と立法府との関係に大きな変化が生じた。それは、人権憲章の下、①裁判所が人権規定についても違憲審査権を行使し、②抽象的に規定された権利や自由を解釈し、その制約の正当性を審査し、救済内容を決定するすべての場面で裁判所に広い裁量権が認められ、③違憲審査の対象は、いくつもの答えがありうる価値や道徳的な選択に関する問題、または、個人の権利や自由と社会全体の利益との調整の問題といった、それまでは立法府が判断すべきであると考えられてきた事柄であり、④裁判所の違憲判決は、連邦および州の立法府に重大な制限を課すからである。

このような変化をうけ、カナダ最高裁判所（以下「カナダ最高裁」）が積極的に違憲判決を出すいわゆる司法積極主義をとることに対する批判として、違憲審査の民主的正当性の問題が、特に一九九〇年代以降、政治問題化した。そこでは、カナダ最高裁は、(a)少数者の権利や被告人の権利を過度に保護している、(b)憲法に規定されていない権利を作り出し、多数者の意思に反してそれを社会に押しつけている、(c)政策に対する裁判官の個人的な好みを憲法に読み込んでいる、などと批判された。

このような批判は、人権問題に関するカナダ最高裁の判断は最終的なものであるとの前提に立っている。しかし、有力学説やカナダ最高裁自身、カナダ最高裁の判決は最終的なものではなく、人権問題に関する裁判所と立法府との対話の始まりにすぎないと考えている。

カナダにおける対話理論の提唱者であるホッグ（Hogg）教授は、「対話という語は、カナダ最高裁の判決は、通常、立法府の応答を可能にする余地を与え、立法府からの応答も通常は示される」ことを表現するために用いている。

カナダにおける対話理論をより具体的に示すと以下のようになる。すなわち、(ア)カナダ最高裁が人権憲章に関して法律の違憲審査を行う場合、憲法上問題となっている法律や条文の目的（以下「立法目的」）と当該立法目的を達成するための手段（以下「立法手段」）の両方の憲法適合性を審査するが、カナダ最高裁の違憲判決の多くは、立法目的は合憲と判断するが、立法手段を違憲と判断する、(イ)そのため、立法府は、合憲と判断された立法目的を維持しつつ、それを憲法に適合的な新しい手段で達成できるように立法手段を改正するというように、立法府が判決後に対応することができる余地が与えられる（ホッグ教授らは、一九八二年から一九九七年までにカナダ最高裁が人権憲章違反の理由で違憲と判断した六六の事案のうち、四六の事案では、違憲とされた法律とほぼ同様の立法目的を別の憲法適合的な手段により達成することができるような法律が立法府によって制定されたことを実証した）、(ウ)人権憲章に関する違憲判決は、立法府が決定した政策に対する拒否権の発動ではなく、人権の尊重と社会全体の利益のために行なわれる社会的・経済的政策の達成との調整方法に関する裁判所と立法府との対話の始まりにすぎない、(エ)人権問題に関する最終的判断は、多くの場合、カナダ最高裁ではなく立法府が示すことができるため、違憲審査は民主的正当性をもちうる。

カナダの対話理論は、カナダ最高裁による違憲判決⇩立法府による法改正⇩改正された法律の違憲審査という時間の流れの中に違憲審査を位置づけ、人権保障はカナダ最高裁による違憲判決という一つの点によって実現するのではなく、カナダ最高裁と立法府との対話という一連の相互作用のプロセスの中で実現するものととらえる。そのため、カナダでは、違憲審査におけるカナダ最高裁の憲法判断のみと立法府を、対話の主要な主体と位置づけ、対話のプロセスにおけるカナダ最高裁ならず、それに対する立法府の対応、そして立法府の対応に対するカナダ最高裁による更なる違憲審査をも検討対象とする。

この対話理論は、カナダにおいては、憲法上の人権に関する違憲審査と立法府との関係を理解するための支配的なパラダイムとなっている。しかしこの理論は、裁判官に対して、判断が難しいハード・ケースをどのように判断すべきかについて示唆を与える理論ではない。この理論は、違憲審査の民主的正当性に関する従来の憲法理論が行き詰まりに達していることをふまえ、従来とは異なる問い、すなわち、「ことによると不完全な裁判所の判決を修正したり、その判決に応答するために、立法府や社会が利用可能な選択肢は何か」という問いを検討する。対話理論を支持するローチ(Roach)教授は、司法積極主義に対抗すべきものは、立法府積極主義と裁判所の判決を制限したり覆したりすることの民主的責任を立法府が引き受けることであると主張する。

対話理論は、違憲審査の民主的正当性に関する議論に新たな地平を開拓したが、この理論のみでは、その難問をすべて解決することはできない。しかし、対話理論によって、違憲審査の民主的正当性に対する疑念をかなりの程度和らげることは可能となった。

このようなカナダの対話理論は多くの国の憲法学説に影響を与えており、近年、多様な内容の対話理論が多くの国で主張されはじめた。

4　本書の視点と目的

本書は、日本国憲法の下における違憲審査を、法の支配の要請を重視しつつ、対話理論によって把握する新しい視点を提示することを目的とする。つまり、本書は、最高裁、国会、行政府、地方公共団体、さらには国民などによる憲法問題に関する対話（以下「憲法的対話」）についての新しい理論、すなわち、「対話的違憲審査の理論」の提示を試みるものである。

(1)　法の支配

本書が重視する法の支配に関しては、近年、さまざまな角度から検討が加えられているが、本書では、法の支配の規範的要請内容に焦点をあてる。

従来の通説的な見解は、法の支配を、専断的な国家権力の支配（人の支配）を排斥し、権力を法で拘束することによって、国民の権利・自由を擁護することを目的とする原理ととらえ、法の支配の内容で重要なものとして、憲法の最高法規性の観念、権力によって侵されない個人の人権、法の内容・手続の公正を要求する適正手続、権力の恣意的行使をコントロールする裁判所の役割に対する尊重をあげる。

また、法の支配の規範的要請内容に関する最近の有力学説は、権力が法に服するという意味での法の支配を実現するためには、第一に、権力が自己の服すべき法を自ら制定してはならず、第二に、法に服したかどうかの最終的な判断権は法に服すべき本人に与えられてはならない、をあげる。

これらの議論をふまえ本書では、日本国憲法の下での法の支配の規範的要請内容として、①すべての国家機関は憲法の規定に従わなければならない（憲法九八条一項）、②立法・行政・司法という三権の国家機関は自身の行為が憲法に適合するかどうかについて憲法解釈権をもつが、国家行為の合憲性は最終的に最高裁が有権的に判断すべきである（憲法八一条）、③原則として、すべての国家行為は最高裁の違憲審査を免れてはならない（憲法八一条）、④最高裁の憲法判断も事後的に他の国家機関や国民などから何らかの形でチェックを受けるべきである、をあげる。

(2)　憲法的対話

本書は、右のような最高裁の役割を重視する法の支配を前提としつつも、人権保障や憲法的価値の実現という憲法保障は、最高裁による違憲審査という一つの点によって実現するという従来の視点（図1参照）から、時間の流れを止めた「静止画」として憲法保障をとらえることはしない。そうではなく、憲法保障は、最高裁、国会、行政府、地方公共団体、さらには国民などによる対話という相互作用のプロセスによって実現するという視点から、時間の流れの中の「動画」として憲法保障の流れをとらえる。

図１　　　　従来の視点：点による憲法保障

憲法保障の担い手：最高裁

図２　　　本書の視点：対話のプロセスによる憲法保障

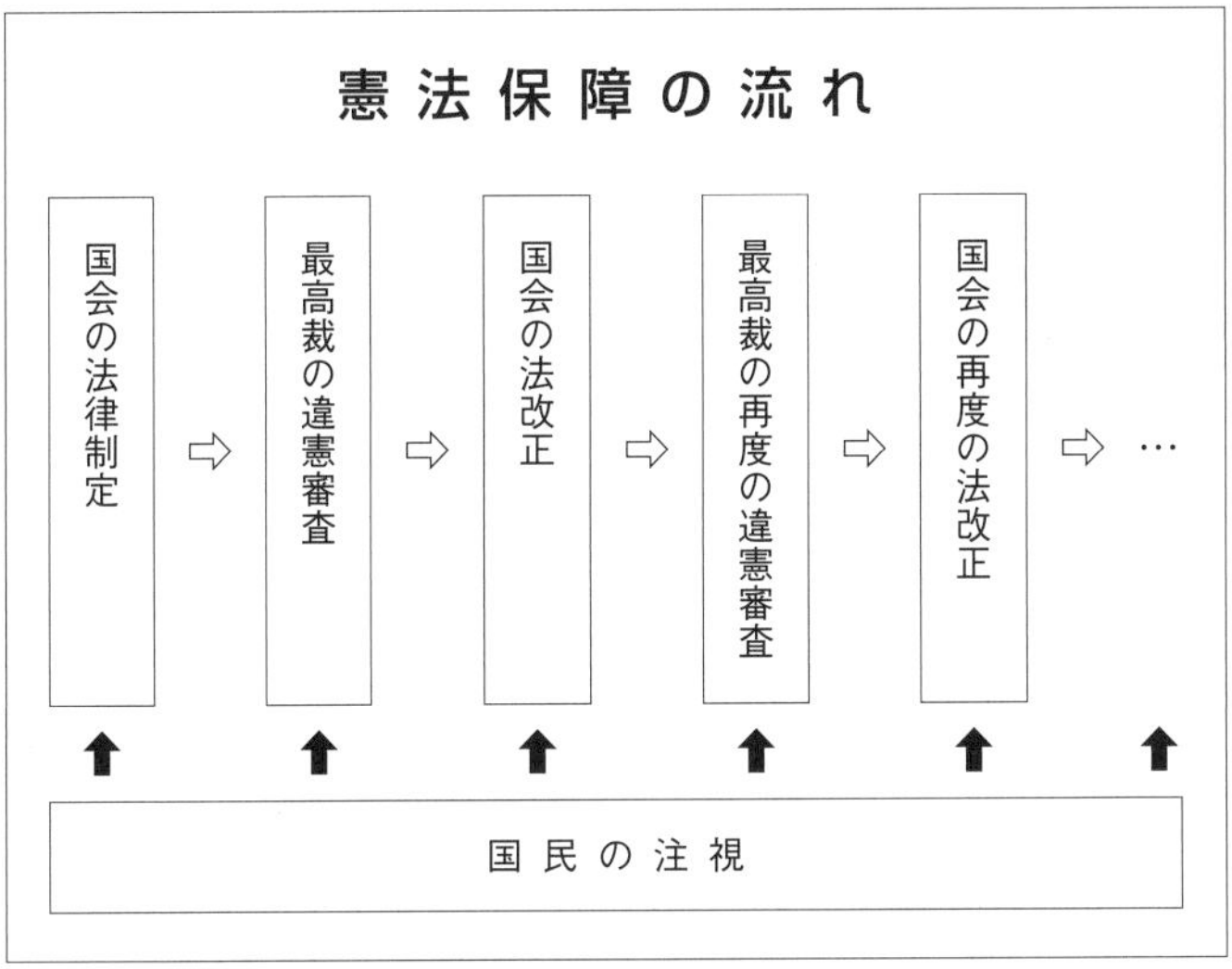

憲法保障の担い手：最高裁、国会、行政府、地方公共団体、国民など

具体的には、①法律の制定過程における国会の憲法論議（国会の第一次的対応）、②最高裁による当該法律の違憲審査、③最高裁の憲法判断（主に違憲判決）に対する国会による当該法律の改正などの事後的対応（国会の第二次的対応）、④改正後の法律の違憲審査、⑤国会による更なる法改正、⑥それらの過程を国民などが注視し、その憲法意識を示す、などの対話という相互作用のプロセスの中で憲法保障は実現すると理解する（図2参照）。言い換えると、最高裁、国会、行政府、地方公共団体、さらには国民などの関係を、時間の流れの中でダイナミックな相互作用として動態的にとらえるのである。このことは、憲法保障に関しては、最高裁、国会、行政府、地方公共団体、それに国民などもそれぞれ重要な役割を担っていることを意味する。

(3)　対話的違憲審査の理論

本書が示す対話的違憲審査の理論には以下の特徴がある。第一は、日本においても憲法に関する対話が実際に行われていることを、法律を違憲と判断した最高裁判例とその後の国会や行政府の対応を詳細に分析することによって実証した点である。第二は、最高裁が示した憲法判断の内容に加え、最高裁の違憲判決後、国会や政治部門などがどのような対応をしたのかまたはしなかったのかも検討し、国民などの対話への参加の仕方も考慮し、対話を促進させるために必要な理論と制度とを提案することである。第三の特徴は、日本国憲法の基本的枠組みに適合的で、かつ、日本における憲法的対話の実状をふまえたうえで、日本の現状を説明し、現状を批判し、さらに、現状をあるべき方向へと誘導するための理論を独自に体系化したことである。

第一部で、対話的違憲審査の理論の概要を示し、その具体的なイメージを得てから、第二部で、憲法的対話が日本において実際に行われていることを、最高裁の判例とその後の国会などの対応を分析することにより実証的に示し、続く第三部で、対話的違憲審査の理論が要請する理論と制度とを検討する。

第一章　対話的違憲審査の理論

1　理論の概要

(1)　基本的な視点

対話理論は多様で異なる内容を含みうる開かれた理論である。しかし、本書は、日本国憲法の基本的枠組みに適合的で、かつ、最高裁判例とそれに基づく最高裁と他の国家機関との関係に係る日本の現状をふまえた、以下の内容の対話的違憲審査の理論を提示する。その基本的視点は、①違憲審査は法の支配の重要な要請であり、最高裁の違憲判決は他の国家機関を憲法上拘束する、②しかし、人権保障や憲法的価値の実現という憲法保障は、最高裁の違憲判決のみで実現するのではなく、最高裁、国会、行政府、地方公共団体、さらには国民などによる憲法的対話という相互作用により実現する、というものである。

(2) 対話の意味、類型と主体

本書では、「対話」という語を以下の二つの意味で用いる。

第一の「対話」は、国家機関同士の対話であり、最高裁の違憲判決は、国会や政治部門の事後的対応を可能にする余地を与え、違憲判決後には国会や政治部門からの対応が示されるという、最高裁と国会や政治部門との間の憲法問題に関する相互作用、または、最高裁と地方公共団体との間の憲法問題に関する相互作用を意味する。そして、憲法問題に関する相互作用を「憲法的対話」と表現する場合もある。前者の最高裁と国会や政治部門との対話の中には、最高裁の違憲判決⇩国会の法改正という「一回的な対話」と、最高裁による違憲判決⇩国会による法改正⇩改正後の法律の違憲審査⇩更なる法改正という「継続的な対話」の二種類がある。

それに対し、第二の「対話」は、国家機関のみならず国民などを含めた対話であり、最高裁、国会、行政府、地方公共団体、さらには国民などによる憲法問題に関する相互作用を意味する。国民などが憲法的対話に参加する方法には、主権者としての国民などが、最高裁と政治部門などとの憲法的対話を注視し、選挙、最高裁判所裁判官の国民審査、世論形成などにより国民などの憲法に関する考えを示す方法と、法律などの憲法適合性を争う憲法訴訟を提起する当事者として対話に参加する方法などがある。

本書が対象とする対話を類型的に示すと以下のようになる。第一は、違憲審査における対話であり、ここには、最高裁と国側との対話、憲法訴訟を提起する当事者としての国民などと国側との対話、そして、当事者としての国民などと最高裁との対話がある。第二は、違憲審査後の対話であり、最高裁と国会や政治部門との対話である。第三は、社会における憲法に関する対話である。これらの対話に、地方公共団体が加わることもある。

したがって、対話の主要な主体は、最高裁、国会、行政府、地方公共団体、さらには、国民などの私人である。

(3)　最高裁からの対話のメッセージ

最高裁が国会や政治部門の対応を求め、対話を促す方法にはいくつかの種類がある。

第一は、最高裁の多数意見による違憲判決である。これは、違憲状態を解消するための国会や政治部門の事後的な対応を憲法上要求するものである。同じ違憲判決でも、理由中に明示的に法改正を要請する説示などがあれば、それは直接的な法改正の要請といえるが、それがなければ間接的な要請となる。違憲判決の中でも、違憲無効判決と、違憲ではあるが当該国家行為の効力を無効としないいわゆる事情判決の手法（衆議院の議員定数不均衡に関する判決で、違憲の議員定数配分規定に基づく選挙はすべての選挙区において違憲であるが、定数是正を含めた今後の衆議院の活動が不可能になるなど、選挙全体を無効にすることによって発生する不当な結果を避けるため、最高裁は、選挙無効を求める請求を棄却するとともに、選挙は違法であると主文で宣言する判決を出した。このような判決は「事情判決」と呼ばれている。）とでは、違憲判決の効力が異なり、その結果、国会や政治部門に対するインパクトも異なる。

第二は、最高裁の多数意見が、結論は合憲であるが、理由中で法律などを違憲状態であると指摘する方法である。議員定数不均衡に関するいわゆる定数訴訟において、投票価値の不均衡の程度は違憲状態であるが、法改正に必要な合理的期間は経過していないため結論は合憲であるとする判断方法がこれにあたる。この種の判決も、違憲状態を解消するための対応を国会や政治部門に憲法上迫るものである。判決理由中に国会に対する法改正の明示的要請があれば、それは直接的な法改正の要請となり、それがなければ間接的な要請となる。

第三は、最高裁の多数意見の結論は合憲であるが、法律などの違憲の疑いを示唆して、国会の自主的な法改正を促すものである。これには補足意見の中で違憲の疑いを示すものも含まれる。この種の判決にも、国会に対し法改正を要請するメッセージが込められている。

第四は、最高裁の多数意見は合憲判断であるが、反対意見が違憲判断を示して法改正を要請するものである。最高裁の判断は多数意見に示されるため、通常、国会や政治部門は、多数意見の内容を重視する。しかし、反対意見の違憲判断からも、国会や政治部門に何らかの対応を求めるメッセージを読み取ることができる。

違憲の疑いの示し方にも、強い指摘と弱い示唆とがあり、国会の法改正を求めるやり方も、強い要請と弱い要請、直接的な要請と間接的な要請とがある。国会などの対応を求める強さを基準にすると、右の第一が一番強く、第四が一番弱いといえる。いずれのタイプであっても、法律などの違憲性に関する判断や指摘は十分な理由を示す必要がある。

(4)　国会や政治部門の対応の仕方

最高裁の違憲判決を受けた後の国会や政治部門の対応にもいくつかのタイプが考えられる。

第一は「服従型」で、国会や政治部門は、最高裁の違憲判決に従い法律の改廃などを行うものである。その場合、国会が独自の憲法解釈を展開することなく、単に最高裁の判断に従うやり方と、国会で憲法論を展開しつつも、最終的に最高裁の憲法判断に合意するやり方が考えられる。

第二は「拡張型」で、国会や政治部門は、基本的に最高裁の違憲判決に従うが、法改正を行う際、違憲判決の内容を超える範囲の法改正を行うものがある。国会が独自の憲法解釈をふまえてそのような法改正をする場合もあれば、憲法論ではなく技術的な理由で法改正の範囲を違憲判決の内容よりも広げる場合もある。

第三は、「対向型」で、国会が最高裁の違憲判決に全面的に同意できない場合にとりうるものである。先に示した法の支配の内容から、国会は最高裁の違憲判決を直接的に覆すことは憲法上許されない。しかし、例えば、違憲とされた法律とは異なる立法目的で、別な立法手段を用いて、違憲とされた法律に類似する法律を制定することにより、実質的に最高裁の違憲判決の射程を狭めることは、それが最高裁の違憲判決の趣旨に反しない限り、憲法上認められる。この場合、国会は、質が高く、説得力のある独自の憲法論を十分に展開する必要がある。

最高裁の違憲判決に国会が対応する場合、国会で十分な憲法論議を行わず、単に最高裁の違憲判決に従い必要な法改正を行えば、それは、最高裁と国会との「形式的な憲法的対話」といえる。しかし、国会が、最高裁の違憲判決をふまえたうえで国会独自の憲法判断を加えて法改正する場合は、最高裁と国会との「実質的な憲法的対話」と評価することができる。

(5) 対話のモデル

ここで理想的な対話のプロセスをモデルとして示すと以下のようになる。すなわち、①国会がある人権制約的な法律を制定する際、国会審議の中で当該法律の制定を基礎づけ、法律の必要性や合理性を支える社会的、経済的、科学的な諸事実（以下「立法事実」）を明示しつつ、当該法律が合憲である理由を説明してその法律を成立させる、②その法律が最高裁の違憲審査に服する場合、国側はその法律の合憲性について主張・立証する、③最高裁は、立法目的を合憲としつつも、人権制約の範囲が広すぎるとの理由で立法手段を違憲とするなど、違憲判決の後に国会が対応することのできる余地を残す違憲判断を示す、④国会は、最高裁の違憲判決をふまえ、独自の憲法論を展開して、当該立法目的を維持しながら、人権制約の範囲がより狭い新たな立法手段を採用する法改正を行う、⑤その後、改正された法律が最高裁の違憲審査に服し、必要であれば判例変更もありうる、⑥このような一連の流れを国民などが注視し、選挙、最高裁判所裁判官の国民審査、世論形成などによって国民などの憲法意識を最高裁、国会や政治部門に示す。

このような対話の一連のプロセスの中で、人権保障や憲法的価値が実現すると考えるのが対話的違憲審査の理論である。

2　理論の要請

次に、対話的違憲審査の理論が要請する内容を簡単に示す。

(1)　最高裁への要請

最高裁は、対話を実現し、促進させるため、以下のことを要請される。

第一に、最高裁は、原則として、立法目的の重要性や立法手段の有効性を支える立法事実をふまえた審査密度の濃い、より厳格な違憲審査を行うべきことが要請される。その際、違憲審査の基準や考慮要素をできるだけ具体的に示し、可能な場合、違憲性を解消するための手段について一定の指針などを示すような判決を出すことなども要請される。

第二に、最高裁は、違憲＝無効という等式から離れて、違憲性の客観的判断と違憲判決の効力や救済方法とを区別し、前者の判断はより積極的に行いつつも、後者の判断では、憲法の枠内で国会や政治部門が事後対応を行いやすいような配慮の下、違憲判決の効力や救済方法を柔軟に決定することが要請される。いずれの判断においても、対話を実現し、促進させるための新たな手法をより多く開発・採用することが求められる。

第三に、最高裁は、①国会などとの対話の初期段階に違憲・無効判決を出さず、国会などの自主的対応に期待する手法、反対に、②対話の初期段階に違憲判決を出し国会などの迅速な対応を求める手法、③対話の初期段階に違憲・無効判決を出さず、国会などの自主的対応に期待するが、その後の国会などの対応が不十分な場合、より厳しい内容の違憲判決を出し、国会などの対応を求める手法に加え、④最高裁が国会などに対して法改正を間接的に要請する方法と直接的に要請する方法とを、事情に応じて適切に使い分けることが求められる。

第四に、最高裁の憲法判断は、現状以上に詳細な理由づけが求められる。

(2)　国会などへの要請

政治部門の中でも国会に対する要請には、①法律を制定する立法過程において、国会における憲法論議を活性化させ、その質を向上させることと、法律の合憲性の根拠とそれを支える立法事実などを明示的に示すこと、②違憲判決後に法律を改廃する場合、国会における憲法論議を活性化させ、その質を向上させることと、改正法の合憲性の根拠とそれを支える立法事実などを明示的に示すこと、などがある。

また、違憲審査における国側に対する要請として、国側が立法事実などを用いて法律などの合憲性を主張・立証する責任などがある。

(3)　国民などへの要請

国民などに対しては、最高裁の憲法判断や、国会における憲法論議などを注視し、選挙、最高裁判所裁判官の国民審査、世論形成などによって国民などの憲法意識を示すという主に主権者として憲法的対話へ参加することと、憲法訴訟の当事者として国家行為の合憲性に関する対話に参加すること、などが求められる。

3　理論の性格

先に指摘したように対話理論は多様な内容をもちうる。そのため、対話の性格や意義に関しても、大きく分けると以下の三つの立場が考えられる。

第一は、対話理論は、裁判官に対して判断が難しいハード・ケースをどのように判断すべきかについて示唆を与える理論ではない、というものである。この立場は、対話理論はあくまでも違憲審査の民主的正当性の問題は従来指摘されているほど重大ではないことを示し、必要であれば、正しい答えに到達するための理論は別に用意されなければならないと考える。そうであれば、正解を求めるための従来の理論と対話理論とは両立または補完しあう関係にある。

第二は、対話によって正しい答えに到達することができると考える立場である。これに従うと、対話理論と正解を求めるための従来の理論とは競合的な関係にある。

第三の立場は、右の二つの立場の中間的なもので、①対話の要素をふまえると違憲審査の民主的正当性の問題は従来指摘されてきたほど重大ではない、②そのため正解を求めるための従来の理論も対話の要素をふまえて修正が必要となる、③憲法問題に関する正解は一つとは限らない可能性を認める、④一連の対話によって正しい答えの群に到達またはより接近する可能性が高まる、というものである。

本書は第三の立場をとる。そのため、本書が提示する対話的違憲審査の理論も、この理論に従えば正しい答えに到達することを直ちに保障するものではない。本書が検討対象とするのは、対話の過程の中で一定の人権保障や憲法的価値が実現するという対話の現象であり、そこで実現した人権保障や憲法的価値が正解であるか否かではない。

4 本書の検討対象

先に1⑸で示した理想的な対話モデルでは、国会審議における憲法論議を憲法的対話のスタートとして位置づけ、最高裁の違憲判決をそれに続くものとして示した。しかし、国会は、すべての法律案の審議において憲法上の問題について検討することは実際にはなく、またその必要もない。また、法律案が作成され国会で法律が成立する要因は、憲法問題への対応に限られるわけではない。最高裁の違憲判断によって立法が動機づけられるのは、国会で法律が作られる一つの要因に過ぎない。しかし、最高裁と国会や政治部門との対話が最も活性化するのは、最高裁の違憲判決を受けた後の国会や政治部門の対応である。

そこで本書は、対話的違憲審査の理論が本来カバーすべき分野の全てではないがその主要な領域と考えられる、最高裁の違憲判決、その中でも最高裁が法律を違憲とする判決（以下「法律違憲判決」）とその後の国会や政治部門の対応を主な検討対象とする。そのため、本書は、最高裁の法律違憲判決が出される前に国会が憲法問題を含みうる法律の改正を行ったもの、最高裁の合憲判決後の国会や政治部門の対応、さらには、下級裁判所の違憲判決に対する国会や政治部門の対応などについては検討対象としない。それらは今後の検討課題とする。

また本書は、日本における最初の憲法的対話に関する研究であるため、最高裁と国会との対話の現状、特に、国会がどのような憲法論議をしたのかまたはしなかったのかを明らかにするため、あえて、違憲判決後の国会審議を主要な検討対象とする。本来であれば、違憲判決後の政治過程全体の分析も必要となるが、それも今後の課題とする。

次の第二部では、日本でも憲法的対話が実際に行われていることを実証的に示す。

第二部　日本における憲法的対話の現状

第二章　立法手段を違憲とする判断手法による対話

1　一回的な対話

日本においても、最高裁と国会や政治部門との対話の実例や対話の可能性を示す例がみられる。対話の可能性は、法律などの合憲性が問題となっていない場合でも、最高裁が特定の問題について立法的対応を国会に促す際にみられる。例えば、代理出産に関する最高裁決定（最二小決平成一九年三月二三日民集六一巻二号六一九頁）の多数意見は、「現実に代理出産という民法の想定していない事態が生じており、今後もそのような事態が引き続き生じ得ることが予想される以上、代理出産については法制度としてどう取り扱うかが改めて検討されるべき状況にある。この問題に関しては、医学的な観点からの問題、関係者間に生ずることが予想される問題、生まれてくる子の福祉などの諸問題につき、遺伝的なつながりのある子を持ちたいとする真しな希望及び他の女性に出産を依頼することについての社会一般の倫理的感情を踏まえて、医療法制、親子法制の両面にわたる検討が必要になると考えられ、立法による速やかな対応が強く望まれるところである。」と説示し、国会の速やかな対応を要請した。しかし、本書は、憲法問題に関する対話を検討対象とするため、以下では、法律の合憲性が問題となった事例を分析する。

日本における最高裁と国会や政治部門との憲法的対話には、最高裁の違憲判決⇩国会の法改正という一回的な対話と、最高裁による違憲判決⇩国会による法改正⇩改正後の法律の違憲審査⇩更なる法改正という継続的な対話の二種類がある。

憲法に関する一回的な対話は、最高裁が法律を違憲とする判決の多くが、問題となっている法律の立法目的は合憲であるが立法手段が違憲であると判断し、その後国会が法改正を行うことで成立している。最高裁が立法目的を合憲としつつも立法手段を違憲と判断すれば、問題となった法律は全否定されず、判決後、国会は当該法律の立法目的を維持しつつ、立法手段を修正し、国会の当初の目的を一定程度実現することが可能となり、対話が成り立つのである。

以下では、最高裁によって法律の立法手段が違憲と判断された例を題材に、最高裁と国会との一回的対話の現状を概観する。

2　尊属殺重罰規定違憲判決（最大判昭和四八年四月四日刑集二七巻三号二六五頁）

(1)　最高裁の判決内容

かつての刑法一九九条は「人ヲ殺シタル者ハ死刑又ハ無期若クハ三年以上ノ懲役ニ処ス」と規定していた。それに対し刑法二〇〇条は「自己又ハ配偶者ノ直系尊属ヲ殺シタル者ハ死刑又ハ無期懲役ニ処ス」と規定し、親などの尊属を殺した場合には普通殺人に比べて重罰を科していた。このことが法の下の平等を保障した憲法一四条に違反しないか否かが争われた事件で、昭和四八年、最高裁大法廷は違憲判決を下した。大法廷の意見は以下のように三つに分かれた。

八人の裁判官による多数意見は、①憲法一四条一項の平等の要請は不合理な差別を禁止する趣旨である、②刑法二〇〇条が憲法一四条一項に違反するかどうかはその差別的取扱いが合理的な根拠に基づくものであるかどうかによって決せられる、③「刑法二〇〇条の立法目的は、尊属を卑属またはその配偶者が殺害することをもって一般に高度の社会的道義的非難に値するものとし、かかる所為を通常の殺人の場合より厳重に処罰し、もって特に強くこれを禁圧しようとする」ことであり、「尊属に対する尊重報恩は、社会生活上の基本的道義というべく、このような自然的情愛ないし普遍的倫理の維持は、刑法上の保護に値するもの」であるため、「普通殺のほかに尊属殺という特別の罪を設け、その刑を加重すること自体はただちに違憲であるとはいえない」、④しかし、尊属殺の法定刑は、死刑または無期懲役刑に限られている点においてあまりにも厳しく、右立法目的の観点からは十分納得すべき説明ができず、「合理的根拠に基づく差別的取扱いとして正当化することはとうていできない」と判示した。この多数意見は、立法目的は合憲であるが、立法手段が違憲であるとする判断を示している。

それに対し、六人の裁判官は、刑法二〇〇条が憲法一四条一項に違反するとの結論は多数意見と同じであるが、その理由は、それぞれ若干のニュアンスの違いはあるが、尊属殺につき特別の規定を設けて刑を加重する点において不合理な差別をするものであるという考え方を示す。これは、刑法二〇〇条の立法目的それ自体を違憲とするものである。

一人の裁判官は、刑法二〇〇条は合憲であるとの反対意見を示す。

多数意見によれば、国会が右立法目的を維持しつつ、法定刑を刑の執行を猶予することが可能なものに修正すれば、違憲性を解消することができる。すなわち、多数意見は、刑法二〇〇条を削除するという国会が必要と考える条文を全面的に否定するような対応を国会に迫ったのではなく、国会が必要と考える条文を、人権制約の程度がより少ない他の方法で実現すること、すなわち、刑法二〇〇条の修正を求めたにすぎない。ここには、違憲判決後国会がとりうる対応の余地が広く残され、対話の可能性が十分にあったといえる。

それに対し、六人の裁判官の立場に従うと、違憲性を解消するためには、尊属殺人罪のみならず尊属傷害致死、尊属遺棄、尊属逮捕監禁の尊属加重規定を全面的に削除する必要がある。

(2)　違憲判決後の対応

①　検察および警察の対応

最高検察庁は、判決当日、全国の検察庁宛に、今後は尊属殺人事件についても刑法二〇〇条を適用せず一九九条を適用して捜査および公訴の提起をなし、すでに係属中の事件については罪名および罰条を刑法一九九条に変更する措置をとるべき旨の通達を出した。また警察庁も同日、法務省と協議のうえ、同日以後、尊属殺人事件については送検段階からすべて刑法一九九条を適用することを決定した。

②　法務省の対応

法務大臣は、昭和四八年五月一一日に法制審議会に尊属殺人罪をはじめ尊属傷害致死、尊属遺棄、尊属逮捕監禁の尊属加重規定の全面削除を諮問し、同月一四日に諮問どおりの答申をえて、法務省案を作成した。その後、同月一八日には尊属加重規定の全面削除を内容とする刑法の一部改正案が法務省案どおり閣議決定された。政府案が尊属加重規定の全面削除の立場をとった理由は、当時、刑法の全面改正作業が行われており、その過程で既に尊属殺人その他の尊属加重規定の取り扱いについても議論がなされ、その時点においては、既に尊属加重規定を全面的に削除するのが相当であるという方向で改正作業が行われていた経緯があったからと考えられる。

③　自由民主党の反対

この閣議決定は与党である自由民主党（以下「自民党」）の了承を得ることを条件になされたものであった。自民党政務調査会法務部会の五月二五日の会議では、尊属加重規定の全面削除に反対の意見が続出し、最高裁の多数意見は尊属殺人罪の規定そのものを違憲としていない、親を尊ぶという人倫の精神が薄らいでいる現在、全面的に尊属規定を削るのは問題であるなどの理由から、刑法二〇〇条の法定刑の下限を引き下げて有期懲役刑を導入すればよいという意見が大勢をしめ、政府案の国会提出について了承が得られなかった。

④　野党案

野党からは、社会党、共産党および公明党の三党から政府案と同じく尊属加重規定の全面削除を内容とする刑法の一部改正案がそれぞれ衆議院に提出されたが、結局、自民党の賛成が得られず、改正案をまとめることができなかった。ここには最高裁の少数意見に従った野党案と多数意見に立つ自民党との対立があった。

⑤　その後の対応

その後、昭和四九年五月二九日、法制審議会は法務大臣に、尊属加重規定の全廃を含む「改正刑法草案」を答申したが、刑法改正案が国会に提出されることはなかった。

昭和五〇年五月三〇日、稲葉法務大臣は、自民党法務部会に、現行刑法から尊属加重規定を削除する方向で検討してほしいと要請したが、法案の提出はなかった。

昭和五二年五月一一日、社会党、公明党、民社党、共産党の各党と無党派クラブの共同提案により、尊属加重規定の全面削除を内容とする刑法の一部改正案が衆議院に提出された。また、五月一八日、参議院自民党の寺本議員などから、刑法二〇〇条の法定刑に「四年以上の懲役」を加える刑法の一部改正案が、参議院に提出された。参議院の自民党は、昭和四八年七月、今回の法案と同じ内容の案を臨時議員総会で決定したいきさつがあり、今回の提案は、自民党内に根強い尊属殺規定存置論の主張をまとめたものであった。しかし、参議院の自民党案は、五月二四日に提案理由の説明が行われたが、具体的審議は行われず、通常選挙のため審査未了、廃案となった。また、衆議院の野党共同案も、六月七日に提案理由の説明が行われたが、具体的審議はなく、昭和五四年、第八七回国会まで継続審査が繰り返されたが、成立には至っていない。

このように、刑法二〇〇条は法令集に存在するが、実際には適用されないという不正常な状態が長く続いた。その後、刑法の表記を平易化することを主たる内容とする「刑法の一部を改正する法律」が平成七年四月二八日に成立した際、尊属殺人、尊属傷害致死、尊属遺棄、尊属逮捕監禁の四つの尊属加重規定はすべて廃止された。

(3)　違憲判決後の国会での審議

昭和四八年の違憲判決は、最高裁が初めて明示的に法律を違憲と判断したものであった。そのため、国会では、法律違憲判決にどのように対応すべきかについて多くの事柄が議論された。以下では、その主要なものについて概観する。

①　違憲判決の効力

㋐　一般的効力説　違憲判決の二日後（四月六日）の衆議院法務委員会で、田中法務大臣は、違憲判決の効力に関連して、「この判決が一昨日行なわれたという結果は、刑法二〇〇条、それから二〇〇条をめぐる関連の条文は、関連の限度において無効となった、こういうことです。……いま捜査中の事件というのは、……その判決のありました当日付をもって、検事総長より全国の検事長並びにその傘下の検事正に対して、二〇〇条を適用せず一九九条の適用によって処理をせよという意味の通達を、とりあえずその日じゅうに発信をいたしております。こういう事情でありますので、捜査中の事件に関しましては、本来二〇〇条適用のものを一九九条を適用するという態度で、そういう二〇〇条を無効とする態度、その態度に変えていくわけでございます。」と答弁した。これは最高裁の違憲判決によって違憲とされた法律が、当該裁判の被告人に対してのみならず、すべての人に対して一般的に無効になるという一般的効力説の考えを示しているように読める。それに加え、田中法務大臣は、最高裁が違憲と判断していない他の尊属加重規定も関連の限度で無効になるという見解も示している。

昭和四八年五月八日の参議院法務委員会において、田中法務大臣は、①最高裁の違憲判決により「二〇〇条は無効だということになる」、②いつから無効なのかについて法務省において検討した結果、「これは将来に向かって無効であって、過去にはさかのぼらない」ということに意見の一致を見た、と答弁した。

(イ)　個別的効力説　　昭和四八年四月六日の衆議院法務委員会で田中法務大臣が一般的効力説の立場で答弁した直後、法務省刑事局長の安原政府委員は、「最高裁判所のこの違憲の判決というものは、法律的にはその当該事件限りしか効果、効力を持たないものだと私ども考えておりますので、過去に当然遡及するとか将来に向かって当然にこの法律を無効にするというような効力を持つかどうかは問題があって、しかしながら、その判決を尊重して、立法、改正を考えるべきだ、尊重する立場からそう考えるべきであると考えて、いわゆる違憲判決の一般的効力ということにつきましては、事務当局としては消極に考えておりまするが、結果的にはそれは尊重して、立法の要否を検討し、内容の検討をしていくということを、技術的な問題でありまするが、御理解をいただきたいと思うのでございます。」と答弁し、法務省は、違憲判決は当該裁判の被告人に対してのみ効力を有するという個別的効力説の立場をとることを明らかにした。同年七月一三日の衆議院の法務委員会刑法改正に関する小委員会でも、法務大臣官房長の香川政府委員は、「法務省といたしましては、……個別的効力説をとっております。」と答弁した。このように法務省は個別的効力説に立つが、違憲判決を尊重して、必要な立法措置をとる必要があることは認める。

(ウ)　個別的効力＋違憲判決の影響力　　昭和四八年七月一三日の衆議院の法務委員会刑法改正に関する小委員会で、社会党の刑法改正案を提出した横山議員は、「違憲判決は当該事件に限られる個別的効力説をとっておるわけでありますが、しかしさはさりながらそれが同種の事件に対して広範な重大な影響力を与えるものでありますから、すみやかにその措置がとられなければならない。すなわちすみやかに刑法二〇〇条及びそれに関連する条文の削除を私どもは主張しておるのですが、立法措置をとらなければならない。」と述べ、違憲判決は個別的効力に加え、同種の事件に対する広範・重大な影響力をもつため、立法措置が必要であるという考えを示した。

(エ)　個別的効力＋判例の拘束力　　同じく昭和四八年七月一三日の衆議院の法務委員会刑法改正に関する小委員会では、共産党の刑法改正案を提出した青柳議員が「具体的なケースを通じて判断が出るのは裁判でございますから、個別的であることはその限りにおいては間違いありませんけれども、しかし、そういう判断というものは一つの法の解釈運用の先例となって一つの判例法というようなものもでき上がってくるわけでありますから、そして、最高裁判所の判例というのは将来変更される可能性はもちろんあります。ありますけれども、変更されるまでの間は、一応下級審の判決が最高裁に来た場合には、これに矛盾した場合には取り消される、そういう力を持っていると見てよろしいわけでありますから、個別的なものであっても一つの法的な効力を持ち得る場合があるということを考えております。」と述べ、違憲判決の個別的効力に加えて、最高裁判例の拘束力に基づく法的効力があるという考えを示した。

(オ)　まとめ　　以上のように、違憲判決の効力についてはさまざまな見解が示されたが、審議の後半では、個別的効力に加え何らかの効力があるとの見解に基づいて、最高裁の法令違憲判決の後に国会は適切な立法的対応をとる必要があるという点では意見がほぼ一致していた。

②　最高裁判所裁判事務処理規則一四条の意味

違憲判決の効力との関連で、最高裁判所裁判事務処理規則一四条が、「法律、命令、規則又は処分が憲法に適合しないとの裁判をしたときは、その要旨を官報に公告し、且つその裁判書の正本を内閣に送付する。その裁判が、法律が憲法に適合しないと判断したものであるときは、その裁判書の正本を国会にも送付する。」と規定していることの意味が問題となった。

(ア)　最高裁の見解　昭和四八年四月六日の衆議院法務委員会で、最高裁判所事務総局総務局長の田宮最高裁判所長官代理者は、「裁判所のほうといたしましては、そのような裁判がなされた場合、立法作用、行政作用が何らかとられる必要もあるのではなかろうかということで、単に、そういうふうにしてほしいという希望ではなくて、その内容を便宜上お知らせしたほうがよかろうというだけのことでございます。……立法等の点につきましては、それは国会もしくは内閣等でおきめいただくことでございますので、特に最高裁判所の側として、そういうふうな措置をとられたという趣旨は何ら含んでおらないのでございます。」と答弁し、違憲判決の後、国会や内閣が何らかの対応をとることを想定しつつも、最高裁として国会や内閣に対し何らかの対応をとることを要請するものではないことを強調した。同様の立場は、七月一三日の衆議院の法務委員会刑法改正に関する小委員会でも、同人によって示された。

(イ)　法務大臣の見解　昭和四八年四月六日の衆議院法務委員会において、横山委員の「国会にも送付するという意味は、政府が刑法の改正をすべきである、あるいは国会が立法府として自主的に改正すべきである、どちらの意見ですか。」との質問に対し、田中法務大臣は、「送付なさる最高裁判所のお気持ちにかかわらず、政府は受けたら立法措置をしなければならぬ、提出をしなければならぬ。国会は提出を受けたら審議しなければならぬ。」、「政府にいま言ったような直接責任がございますが、国会は、それを受けて審議しなければならないということのほかに、国会自身も自主的に立法措置のできる権限を持っておること、御承知のとおりであります。政府がぐずぐずしておれば国会がおやりになってもちっともおかしくはない、こういうことでございます。」と答弁し、最高裁の意図にかかわらず、国会にも政府にも立法措置をする必要があるとの考えを述べる。この大臣の考えは、最高裁の違憲判決後、政府や国会は適切な立法措置をすべきであるという、最高裁と政治部門との対話に通じるものといえよう。

③　政府の改正案

違憲判決が下された当日の昭和四八年四月四日、衆議院法務委員会において、田中法務大臣は、「裁判のよい、悪いということ、裁判官の御判断に対する評論は一切避ける」と述べた。また、四月六日の衆議院法務委員会において田中法務大臣は、法改正の方法には、①刑法二〇〇条と関係条項を削除する方法と、②刑法二〇〇条を削除するのではなく、「直系尊属を殺した場合には無期、死刑という」条文を、「無期というのを取り消して、……懲役六年以上死刑」というように改正する方法の二つがあるが、「私は削除がよかろう」と答弁した。

そして、尊属加重規定の全面削除を内容とする政府案が昭和四八年五月一八日に閣議決定された。この政府案に関し、六月六日の衆議院法務委員会で法務省刑事局長の安原政府委員は、「法律に加重規定が置かれるかどうかは別といたしましても、一般の場合において量刑上親に対する尊重、報恩の念を、刑法上の特別の保護に値するものとして通常の場合より重く罰すること自体が憲法違反とは考えておらない。しかしながら、……最高裁の違憲判決が出ましたが、それはあくまでも最高裁が憲法違反かどうかということをいったのであって、あの判決を受けてどういう立法をこれから将来に向かってすることが妥当かということは、行政府ないしは立法府が立法政策として考えるべきだ。そこで、今日の事態において、尊属殺人についてどういう刑罰をもって臨むことが立法政策として正しいかというあり方を検討したいということで、そのときにやはり何よりも尊属殺人の実態というものを客観的に見る必要がある。……親殺しという事件は非常に千差万別である。しかもわれわれの統計あるいは実態の調査によれば、殺される親に責められるべき場合、つまり犯人である子に、罪は罪としても同情すべき場合というのが半数以上占めておる、そういう実態。つまり千差万別。上は死刑に値するものから、今度の判決のように二年、二年六月に値するものというようなのがあって、特に同情すべき場合が多いという尊属殺人の実態にかんがみるならば、普通殺人の刑罰で十分まかない得る実態であるということを何よりも前提にいたしまして、つまり尊属殺人の実態にかんがみるならば、立法政策としては普通殺人の刑である死刑と下は三年という刑で十分であろう」と説明した。

最高裁の多数意見に従えば、刑法二〇〇条を削除する必要はなく、法定刑の下限を引き下げる同条の修正で違憲性を解消することができる。しかし、政府案は、刑法二〇〇条のみならず他の尊属加重規定を削除する対応を選択した。これは、多数意見の違憲判決の内容を超えた拡張型の改正案である。政府案は、表面上は最高裁の少数意見に従ったように見えるが、刑法二〇〇条を削除する理由は、刑法二〇〇条を設けること自体が違憲であるというものではなく、尊属殺人の実態をふまえると立法政策として刑法二〇〇条は不必要であるというものであった。そうであれば、政府案は、憲法判断はあくまでも最高裁の多数意見に従いつつ、立法政策として、刑法二〇〇条や他の尊属加重規定を削除したといえる。その意味で、政府案は、政府独自の憲法判断に基づく拡張型の改正案ではなく、必要性という立法政策上の判断に基づく拡張型の改正案であったのである。その背後には、最高裁の違憲判決を受け、国会は、法律の違憲状態を解消することのみならず、違憲判決の内容を超えた法改正ができるという考えがあった。これはまさに対話の発想である。

④　野党の改正案

㈠　社会党の改正案　昭和四八五月一一日の衆議院法務委員会では、尊属加重規定を全面削除する社会党案の提案理由が説明された。社会党の横山議員は、「普通殺人と区別して尊属殺人に関する規定を設け、尊属殺人なるがゆえに差別的取扱いを認めること自体が民主主義の根本理念に抵触し、直接には憲法第一四条第一項に違反するものであります。刑法二〇〇条だけではなく、尊属傷害致死に関する刑法二〇五条二項、尊属遺棄に関する刑法二一八条及び尊属の逮捕監禁に関する刑法二二〇条二項の各規定も、被害者が直系尊属なるがゆえに特に加重規定を設け、差別的取り扱いを認めたものとして、いずれも違憲無効の規定であります。（原文改行。以下「／」）よって早急にこれらを全面削除し、関連条項を改正する必要があります。」と述べる。社会党案は、最高裁の六人の少数意見に基礎をおいているが、議員独自の憲法判断に基づく拡張型の要素が強い。

昭和四八年七月一三日の衆議院の法務委員会刑法改正に関する小委員会で横山議員は、違憲判決を受けた後に必要な立法措置をとる第一義的責任は政府側にあり、政府側が立法案を国会に提出するのが順当な措置であるが、政府が適切な措置を取らない場合は、議員提案で立法措置をとる必要があるという考えを示した。

(イ)　共産党の改正案　昭和四八年七月一三日の衆議院法務委員会で、尊属加重規定を全面削除する共産党案の提案理由が説明された。共産党の青柳議員は、「私たちはかねてより現行刑法のうち尊属に対する犯罪の刑罰を特別に重く定めている諸規定はすべて憲法に違反し無効であると考えておりましたが、最高裁判所大法廷は去る四月四日刑法第二〇〇条についてそれが憲法第一四条一項に違反し無効である旨の判例を出しました。……よって早急にこれらの諸規定を全面的に削除し、あわせて関連条項を改正する必要があります。」と述べる。

同日、青柳議員は、衆議院の法務委員会刑法改正に関する小委員会で、共産党案が最高裁の六人の少数説を根拠としていることを認めつつ、「私が提案理由の説明の中で特に言及しておりますのは、多数意見が間違っている、法定刑が著しく不合理な差別的取り扱いにならなければこういう条章を温存しても憲法違反にならないというふうな趣旨に理解されるような多数意見は間違っているという立場でございます。」と答弁した。

また、違憲判決がもつ立法府や行政府に対する効力について青柳議員は、「最高裁判所がある法律について違憲であるという判断を下した、その場合、国会はこれに絶対服従をして、最高裁判所の判決どおりに立法しなければならないという義務を負っているかどうかということになりますと、国会は三権分立でありますから、独自の立場をとってよろしいわけで、あえて最高裁が何か違憲審査権というものを持っておるから国会はそれに従わなければならないのだというふうにのみいえるかどうかという点は疑問を持っております。……また、政府が必ずこれに対して最高裁の思うとおりの法案を提出する義務があるかどうかということになりますと、政府も三権分立の立場にありますから必ずしもそれに拘束されないのじゃないか」と述べる。

青柳議員は、①最高裁の多数意見の憲法判断は間違っていると批判し、②国会は最高裁の違憲判決に絶対服従する義務を負うわけではなく、三権分立の下、国会は独自の立場で違憲判決に対応することができる、③政府も最高裁の違憲判決に服従する義務を負うわけではなく、三権分立の下、独自の対応をとることができる、ことを示唆する。これは、一般論として、国会や政府が、最高裁の違憲判断に従わず、独自の憲法判断に基づいて対応するという最もラジカルな対向型の対応も可能とするもののようにも読める。

しかし、実際に共産党が提出した改正案は、最高裁の多数意見が間違いであることを明確に指摘しつつも、多数意見の憲法一四条解釈をより一歩進めた少数意見の憲法解釈を採用し、当該改正案でも多数意見が指摘する違憲状態を解消することができるため、多数意見の憲法一四条解釈の趣旨に反するものではない。ただ、この改正案は、議員が違憲判決以前から考えていた独自の憲法解釈に基づいているため、独自の憲法解釈に基づいた拡張型の改正案ということができる。

(ウ)　公明党の改正案　昭和四八年七月一三日の衆議院法務委員会では、尊属加重規定を全廃する公明党案の提案理由が説明された。公明党の沖本議員は、「憲法の原点に立ち返れば、殺した相手が尊属である、ただそれだけの理由で重罰という尊属殺特別規定を設けていることは、一種の身分制道徳の見地に立つものであって、差別なき人間生命の思想を基調とした、個人の尊厳と人格価値を平等とする民主主義の理念に合致するものではないのであります。……尊属殺人と普通殺人に関する規定を区別、差別していることは、憲法の民主主義の基本理念に反するものであります。／ゆえに刑法二〇〇条を削除するだけではなく、尊属に関する刑法上の特別規定、すなわち尊属傷害致死に関する刑法二〇五条二項、尊属遺棄に関する刑法二一八条二項、尊属逮捕監禁に関する刑法二二〇条二項の各規定は、被害者が直系尊属なるがゆえに特に加重規定を設け差別的取り扱いを認めたものとして、いずれも違憲無効と解されることになります。／よって、これらの各規定も削除するのが憲法に照らして正しい処置であります。」と述べる。

公明党の改正案も、最高裁の多数意見を批判し、六人の少数意見の立場に立ちつつ、独自の憲法論をふまえた拡張型の改正案である。昭和四八年七月一三日の衆議院の法務委員会刑法改正に関する小委員会で沖本議員は、「最高裁からあったから、それをすぐ受けてこちらが応じなければならなないというふうには考えていないわけですけれども、少なくとも立法府として違憲の判決があった以上は、……あくまで議論を十分に尽くして、そして国民的な立場からこの法律を律すべきであるという結論を国会で出していき、立法府のほうで独自にその問題を検討すべきである」と述べ、国会独自の判断に基づく対応が望ましいとの考えを示した。

⑤ まとめ

最高裁による初めての明示的な法律違憲判決を受けた国会審議から、以下の点を指摘することができる。

第一に、国会および政府は違憲状態を解消するため何らかの立法措置をとる必要があるという点で一致していた。ここには、最高裁により違憲性が発見され、その後、国会の立法措置により違憲状態が解消されるという最高裁と国会や政治部門との相互作用によって憲法秩序が維持されるという対話が示されている。

第二に、政府案も野党案も、最高裁の多数意見および少数意見の違いを意識して、独自の判断でそれぞれの改正案を作成していた。また、自民党内の意見も、両者の違いを自覚しつつ、多数意見に従った法改正を意識していたといえよう。このように、最高裁と国会や政治部門との対話には、最高裁の多数意見のみならず、少数意見も影響力をもっていたのである。

第三に、政府案および野党案は、尊属加重規定を全面削除するもので、最高裁の多数意見の内容を超える拡張型の対応であった。しかし、憲法解釈に関しては、政府案は多数意見の立場を、そして野党案は少数意見の立場をそれぞれとっている。

第四に、野党案の中には、最高裁の多数意見を明示的に批判し、少数意見の立場に立ちつつ、独自の憲法判断に基づいた、対向的な要素をもった拡張型の対応もあった。

第五に、最高裁の多数意見に従う服従型の対応を求めた自民党の合意を得ることができず、結果的には、拡張型の政府案や野党案は実現できなかった。

(4)　平成三年の刑法改正における議論

平成三年の刑法改正は、経済事情の変動などに伴い、刑法その他の刑罰法規の罰金および科料の額を引き上げるものであったが、その審議においても刑法二〇〇条の問題が取り上げられた。

①　刑法二〇〇条を改正しない理由

平成三年三月八日の衆議院法務委員会では、「罰金の額等の引上げのための刑法等の一部を改正する法律案」を審議した際、刑法二〇〇条がこのまま残っていくのはおかしいという倉田委員からの指摘を受け、法務省刑事局長の井嶋政府委員は、「この刑法二〇〇条に規定しております尊属殺の規定は、四八年の最高裁大法廷の判決におきまして違憲であるという判決があったわけでございますので、やはり政府といたしましては、この違憲状態の解消のために改正措置をとるということが義務であるというふうに考えております。……ですから、そういった意味で宿題になっておるわけでございますが、その間にいろいろ世論調査をしてみますと、国民の世論というのは、最近のデータで申し上げますと、やはり親殺しについて特に重い刑を定めておく必要があると答えた人が全体の三三・五％、やや重い刑を定めておく必要があるとする者が二四・九％でございまして、普通の殺人と同じでよいとするのは二四・八％ということでございます。これは平成元年の世論調査でございますけれども、現在国民の皆さんは、やはりどちらかというと規定の存続を期待しておられるということがあるように思われます。しかしながら、もう少しその動向を見きわめて改正に大いに踏み切りたいと考えて、今回は罰金の引き上げだけに限って行わせていただいたということでございます。」と答弁した。違憲状態の解消のために法の改正措置をとることは政府の「義務」であるが、意見の一致が困難であるため刑法二〇〇の改正は、「宿題」のままにするとされている。

②　刑法二〇〇条は機能停止

平成三年四月二日の参議院法務委員会で法務省刑事局長の井嶋政府委員は、刑法二〇〇条について、「これは我々実務では適用しないという意味において現在機能が停止しておるのと同様だと考えていいわけでございます。……刑法上二〇〇条という規定は残っておりますが、実務では適用しないということでやっておる」と答弁した。

③　刑法二〇〇条の改正を求める附帯決議

平成三年三月一二日の衆議院法務委員会で、罰金の額等の引上げのための刑法等の一部を改正する法律案は可決された。この法律案には、「一　罰金刑に限らず他の刑罰を含め、現行刑罰の適正化を図るとともに、尊属殺重罰規定の見直し、刑罰法令の現代用語化等について検討すること。」

を含む附帯決議が付された。

またこの法案は、平成三年四月九日の参議院法務委員会で修正のうえ可決され、「四　現行刑罰制度の合理化・適正化を図るとともに、尊属殺重罰規定の見直し、刑罰法令の現代用語化等について検討すること。」を含む附帯決議が付された。

これらの附帯決議から、国会も刑法二〇〇条に関し違憲状態を解消するために何らかの立法的措置を取る必要性を強く認識していたことがうかがわれる。

(5)　平成七年の刑法改正における議論

平成七年の刑法改正は、刑法の表記を現代用語化して平易化し、あわせて刑罰の適正化を図るためのものであったが、そこで、尊属加重規定がすべて削除された。

平成七年三月一七日の衆議院本会議において、「刑法の一部を改正する法律案」の趣旨説明が行われ、前田法務大臣は、改正の要点の二つ目に「尊属加重規定の削除」をあげ、「尊属殺人に係る刑法第二〇〇条につきましては、昭和四八年四月四日、最高裁判所において違憲の判断がなされているところであり、今回の改正に当たり違憲状態を解消する必要がありますが、事案の実態や違憲判決後約二二年にわたり通常殺人の規定が適用され、被害者が尊属である事情を踏まえ、事案に即して科刑が行われてきている実情にかんがみ、これを削除することとし、これとの均衡等を考慮し、尊属傷害致死、尊属遺棄及び尊属逮捕監禁についてもあわせて削除して、通常の傷害致死等の規定によることとしております。」とその内容を説明した。

また前田法務大臣は、同日、同会議において、尊属加重規定を全部削除する理由について、「まず、最高裁判所の違憲判決を受けている尊属殺規定につきましては、尊属に対する殺人に関しても二二年にわたり通常の殺人罪が適用されてきたこと、その間の量刑の実情を見ますと、人倫にもとる非道な事案に対しては厳しい刑が言い渡されておる反面、被告人に酌むべき点が多く軽い刑が言い渡される事件が相当数あることなどにかんがみますと、通常の殺人罪よりも刑の重い尊属殺人罪を改めて設けた場合、現状を大きく変更することとなるとともに、その実情からして、事案の内容に応じた適正な量刑をなしかたくするものであり、適当でないと思われます。／そこで、尊属加重規定については、累次にわたり法制審議会におきまして慎重に審議された結果、いずれも全部削除が相当であるとの答申がなされていることも考慮いたしますと、やはり尊属殺人の規定を削除して、一般の殺人罪の法定刑の範囲内で事案に応じた適切妥当な刑を科するのが相当であると考えたものでございます。／その他の尊属加重規定につきましては、最も基本的な犯罪である殺人罪について尊属加重規定を廃止することとのバランスや量刑の実情を見ましても、尊属傷害致死につきましては、その半数以上が法定刑の下限に集中しており、殺人の場合以上に被告人に酌量すべき点が多い事件があると認められることにかんがみまして、あわせて廃止するのが相当であると考えたものでございます。」と説明する。

これは、二二年前の違憲判決をふまえた拡張型の対応といえる。ただその理由は、刑法二〇〇条に関しては、尊属殺人に対し二二年にわたり通常殺人罪が適用されてきたことと、その間の量刑の実情であり、他の尊属加重規定に関しては、刑法二〇〇条を削除することとのバランスであり、独自の憲法判断に基づくものではない。

(6)　まとめ

刑法二〇〇条の改正に二二年間を要したこれまでの経緯を踏まえると、以下のような特徴を指摘することができる。

第一に、昭和四八年の最高裁の多数意見は、国会の事後的な対応の余地を広く残し、最高裁と国会との対話の可能性を残していた。

しかし第二に、政府と自民党との合意が得られず、国会と最高裁との対話は長い間実現しなかった。その原因は、政府と自民党が異なる憲法解釈をとったからではなく、立法政策上の判断として尊属加重規定を全面削除すべきか否かの点で合意が得られなかったからである。その背景には、家族観をめぐるイデオロギー対立があったと考えられる。

第三に、昭和四八年の違憲判決直後の国会審議については、刑法二〇〇条に関する憲法論議および立法政策上の議論も国会では十分に行われていないという、議会制の精神から乖離した問題点があった。刑法の改正という重要な問題は、本来は国会の場で行われるべき問題であった。しかし実際には、与党の場合は、自民党政務調査会の法務部会という国会外のインフォーマルな場で議論されたにすぎず、国会の議事録では自民党の見解はほとんど確認できない。また、憲法解釈を異にする野党案と自民党との論争も、国会の場では行われていない。

第四に、国会も政府も、違憲状態を解消するために何らかの立法措置が必要であることは十分認識していたが、二二年間国会はこの問題に対応しなかった。その背景には、検察と警察の迅速な対応により、実務上刑法二〇〇条は機能停止状態となり、実務の運用レベルで違憲状態が解消されていたことがあげられる。

第五に、行政府は違憲判決に迅速に対応した。

第六に、違憲判決直後に示された複数の改正案は、違憲判決に対して考えられるほぼすべての対応を示している。自民党は服従型の対応、政府案は独自の立法政策的判断に基づく拡張型の対応、そして、野党案は独自の憲法判断に基づく拡張型または対向的要素をもつ拡張型の対応を示していた。また、判決当日の最高検察庁および警察庁の対応は、違憲判決に対する迅速な行政府の対応と評価できる。このように、初めての法律違憲判決直後に、ほぼすべての対応の方法が示されていたことは注目に値する。

最後に、尊属加重規定を全面削除しても、直系尊属を刑法上特に保護するという立法目的は、量刑の適正な判断によって裁判実務上達成することが可能であるため、最高裁と国会や政治部門との対話は成立したといえる。

3　薬事法違憲判決（最大判昭和五〇年四月三〇日民集二九巻四号五七二頁）

(1)　最高裁の判決内容

本件では、薬局および医薬品の一般販売業の適正配置規制（いわゆる距離制限）が職業選択の自由を保障した憲法二二条に違反しないか否かが争点となった。

大法廷による全員一致の意見は、①当該適正配置規制の立法目的は、「一部地域における薬局等の乱設による過当競争のために一部業者に経営の不安定を生じ、その結果として施設の欠陥等による不良医薬品の供給の危険が生じるのを防止すること」、および、「薬局等の一部地域への偏在の阻止によって無薬局地域又は過少薬局地域への薬局の開設等を間接的に促進すること」の二点であり、「それらの目的は、いずれも公共の福祉に合致するものであり、かつ、それ自体としては重要な公共の利益」である、②当該適正配置規制は、「全体としてその必要性と合理性を肯定しうるにはなお遠いものであり、この点に関する立法府の判断は、その合理的裁量の範囲を超えるものである」と判示した。これも立法目的を合憲としつつ、立法手段を違憲とする判断手法である。

(2) 違憲判決後の対応

この違憲判決を受けて、当時の厚生省は判決当日に適正配置条項を削除する薬事法改正法案を国会に提出する方針を決め、同時に、薬事法に基づく都道府県の適正配置条例の適用を中止するよう全国都道府県に通達した。

その後、違憲とされた適正配置条項は議員立法として成立していたため、国会には衆議院社会労働委員会提案の議員立法として、薬事法の関係規定の削除を内容とする改正案が提出され、昭和五〇年六月六日に薬事法の一部改正法が成立した。また、違憲とされた薬事法の施行条例である適正配置条例の廃止が各都道府県で行われた。

(3) 国会での審議

① **最高裁の判決趣旨に従う**

昭和五〇年五月二二日の衆議院内閣委員会において、内閣法制局第一部長の角田政府委員は、「政府は従来、最高裁の判決については、常にその趣旨に従うということを、いろいろな場合に言明しておりますので、今回もそのとおりだと思います。」と答弁した。

厚生省薬務局企画課長の吉村説明員は、同会議で、「薬事法の六条の規定、今度違憲の判決をいただいた規定は、一方におきまして薬局の過当競争を排除すると同時に、無薬局地区等に薬局の普及を図る、こういうような目的もございましてでき上がった法律なのでありますが、今回違憲だということで、この法律の規定を削除することになりますと、改めまして行政指導等で、そういう無薬局地域に対しまして、いま先生のおっしゃられましたような、薬局の設置あるいは薬種商の設置、あるいは配置販売業によります配置薬の配布、こういうようないろいろの措置を講じて、山間僻地の住民が医薬品の支給を受けることができないというような状態を解消する努力をやはりしなければならぬと思います。」と答弁した。これは、立法手段が違憲と判断されても、合憲とされた立法目的を実現するために行政指導など他の手段を用いること、すなわち、違憲判決の趣旨に反しない他の手段が国会や政府にとって使用可能であり、対話が成立することを示している。

②　酒屋やたばこ屋などの距離制限について

昭和五〇年五月二二日の衆議院内閣委員会において、行政管理庁行政監察局長の大田政府委員は、「薬事法に関して違憲という一つの方向が出たと思います。ただ、これに類します距離制限の問題につきましては、たとえばふろ屋だとか、あるいは酒屋だとか、たばこ屋、距離だけに着目いたしますとそういうものがございます。こういうものにつきましても、従来いろいろ言われておりましたが、ただこれから許可、認可を監察いたします場合には、一つの考え方、見方としてわれわれはこの指針を尊重すべきじゃないかというふうには考えております。」と答弁した。それに対し、鬼木委員は、「最高裁から出たあの判例に対しても、いろいろ論のあるところだと思いますけれども、距離制限ということは、あるいはまた必要な場合もあるかもしれぬ。ことにたばことか酒とかいうようなのは、これはまた私、個人の営業は個人の営業かもしれないけれども、国税の対象になっていますから、そういう関係も考慮しなければならぬ、そこにはいろいろな関係もあると思うのです。しかし最高裁の違憲だという判例も、私はもっともな点があると思う。」と付け加えた。ここでは、薬事法の違憲判決がもちうる、酒屋やたばこ屋などの距離制限に対する影響についても質疑が行われており、薬局と酒屋やたばこ屋との違いについても一つの見解が示されている。

昭和五〇年六月五日の参議院大蔵委員会では、薬事法違憲判決が酒類販売についての距離制限に影響があるのかについて、大蔵省主税局長の中橋政府委員は、「薬事法の免許につきましての最高裁の判決につきまして、私ども勉強中でございますけれども、そこに展開されております論旨は、やはり薬事法の免許といいますものは、薬局の経営の保全ということをねらいとしておるようでございます。経営が乱れますれば、そこでどうしても不良医薬品を販売する。不良医薬品を販売するということは、国民の保健上非常に問題があるということで、距離制限等の免許基準ができておるということについては、いまおっしゃったような難点があるということのようでございます。／そういうことに関連いたしまして酒税の方を考えてみますと、先ほど来申しましたように、たとえば酒類販売業者の免許につきましては、酒税の保全上、酒類の需給均衡ということを非常に重視いたしておりますのは、ひとえに酒類販売店の経営というものがかなりバランスよく安定しておらなければ、酒税が保全できないということでございます。ややその点は、薬局の経営の不安定さが不良医薬品の販売、ひいては国民の保健につながるということとは違いまして、経営の不安定は、即売掛金回収の不安、すなわち酒税保全に非常に支障があるということでございまするので、私どもの考えといたしますれば、かなり違った次元のものであるというふうに思っております。」と答弁し、薬事法違憲判決の趣旨は酒類販売業者の免許制については及ばないとの大蔵省の見解が示された。

③　薬事法の改正法案

昭和五〇年五月二九日の衆議院社会労働委員会で、薬事法の一部を改正する法律案起草の件について議事が進められ、大野委員長が作成した草案の趣旨・内容につき、委員長から説明があり、憲法論に関し議論することもなく、委員長起草の草案を社会労働委員会の成案とし、これを委員会提出の法律案と決することが起立総員によって決定された。

同日の衆議院本会議では、社会労働委員長提出の薬事法の一部を改正する法律案の趣旨説明が、大野社会労働委員長により以下のように行われた。すなわち、「薬事法中、薬局の開設等についての地域的制限に関する規定は、去る四月三〇日最高裁判所において、違憲であるとの判決がありましたことは、御承知のとおりであります。／この規定は、昭和三八年、第四三回国会において制定されたものでありますが、本規定が、憲法第二二条第一項に違反するとの最高裁判所の判決にかんがみ、本案は、薬局の開設等についての地域的制限に関して規定しております薬事法第六条第二項ないし第四項等の規定を削除するほか、関係規定について所要の整理を行おうとするものでありま す。」。その後、本案は可決された。

昭和五〇年六月三日の参議院社会労働委員会では、薬事法の一部を改正する法律案の提出者衆議院社会労働委員長代理理事住議員から趣旨説明が行われ、質疑・討論もなく、当該法案は全会一致で原案どおり可決された。そして、六月六日の参議院本会議で、薬事法の一部を改正する法律案は、全会一致をもって可決・成立した。

(4)　まとめ

薬事法の改正に関する国会審議では、最高裁の違憲判決に対する論評や批判もなく、国会独自の憲法論も展開されず、薬事法に関する憲法問題に関する論議がないまま、最高裁の違憲判決の内容に沿った改正が行われた。その意味で、この改正は、国会と内閣による違憲判決に対する迅速な服従型の対応といえる。

しかし、立法手段が違憲と判断されても、合憲とされた立法目的を実現するために行政指導などの他の手段を用いること、すなわち、違憲判決の趣旨に反しない他の手段が国会や政府にとって使用可能であり、対話が成立しうることが明らかとなった。

また、国会では、公衆浴場、たばこ屋、酒屋の距離制限に対する薬事法違憲判決の影響についての質疑があり、議員や政府委員から、たばこ屋と酒屋に関しては薬局と事情が異なるといった見解が示された。しかし、公衆浴場、たばこ屋、酒屋の距離制限に関する憲法論議はほとんど展開されないまま、それらの距離制限はその後も存続した。その意味で、国会は、違憲判決に従うための必要最小限の対応のみを行ったといえる。

4　森林法違憲判決（最大判昭和六二年四月二二日民集四一巻三号四〇八頁）

(1)　最高裁の判決内容

本件では、共有森林につき持分価額二分の一以下の共有者に民法二五六条一項所定の分割請求権を否定している森林法一八六条が財産権を保障する憲法二九条に違反するか否かが争点となった。

多数意見は、①森林法一八六条の立法目的は、「森林の細分化を防止することによって森林経営の安定を図り、ひいては森林の保続培養と森林の生産力の増進を図り、もって国民経済の発展に資すること」であり、これは、「公共の福祉に合致しないことが明らかであるとはいえない」、しかし、②分割請求権の制限は右目的と合理的関連性がなく、共有森林の面積、分割禁止の期間のいずれにも制限がないなど、分割禁止の制限は右目的達成のための合理性に欠け、必要な限度を超えていることが明らかであるとし、③森林法一八六条本文は憲法二九条二項に違反する、と判示した。これも立法目的を合憲としつつ、立法手段を違憲とする判断手法である。

(2)　違憲判決後の対応と国会での審議

違憲とされた森林法一八六条を削除する森林法の改正法は、判決から約一カ月後の昭和六二年五月二七日に成立した。

①　違憲判決の受け止め方

昭和六二年五月二六日の参議院農林水産委員会で、行政当局の違憲判決に対する「所感」を尋ねられ、林野庁長官の田中政府委員は、「あの規定は戦後に戦前の法律から引き継いでつくられたわけでございますけれども、つくられた時点では、いろいろ共有林地に対する利用関係でございますとか、現在とは非常に違った実態にあったわけでございます。現時点であの条文を見てみますと、最高裁判所から指摘がございましたように、林業経営が一体としてできるだけ団地ですべきであるという公益目的と私権の制限との間に、若干といいますか、法律上行き過ぎた点があったということは率直に我我も判決を読ませていただきまして感じましたので、そういう考えを含めまして今回法律改正というものを早急に出させていただいた次第でございます。」と答弁した。ここからは、最高裁の憲法判断に合意しつつ服従型の対応をとったことがうかがわれる。

②　森林法の改正法案

昭和六二年五月一五日の衆議院農林水産委員会では、塩川農林水産大臣臨時代理が、森林法の一部を改正する法律案の提案理由および主要な内容を以下のように説明した。すなわち、「森林法第一八六条の規定は、共有林について、その経営の安定を図るため、持ち分価額が二分の一以下の共有者からの分割請求を禁止しているものであります。／しかしながら、本年四月二二日、私人間の訴訟に関連し、最高裁判所は、森林が共有であることと森林の共同経営とは直接関連するものではなく、共有林の共有者間の権利義務についての規制と森林経営の安定という立法目的との間に合理的関連性があるとはいえないこと等を理由とし、この規定が財産権の内容を公共の福祉に適合するように法律で定める旨をうたった憲法第二九条第二項に違反し無効であると判示したところであります。／このように最高裁判所において違憲無効の判決が行われた以上、違憲状態を早急に是正する必要がありますので、森林法第一八六条の規定を削除することとし、この法律案を提出した次第であります。」。この日、森林法の一部を改正する法律案は、衆議院農林水産委員会で、起立総員によって原案のとおり可決された。そして、五月二〇日の衆議院本会議で、森林法の一部を改正する法律案は可決された。

その後、参議院では、昭和六二年五月二二日の農林水産委員会で、加藤農林水産大臣が、森林法の一部を改正する法律案の提案理由および主要な内容を説明し、五月二六日の農林水産委員会で同法案に関する質疑が行われ、その後、同法案は、全会一致で原案どおり可決された。その後、五月二七日の参議院本会議で、同法案は、全会一致で可決・成立した。

③　**法案の影響**

昭和六二年五月一五日の衆議院農林水産委員会で、森林法一八六条削除の影響に関し、林野庁長官の田中政府委員は、「従来の実態が必ずしも十分に把握できておりませんけれども、あの規定によって細分化が防止されたという事例もそれほど聞いておりませんので、あの規定がなくなった後における経営なり所有の零細化ということについてはそれほど心配する必要はないのじゃないかというふうに我々としては認識しているわけでございます。」、「仮にそういう事態が起きまして零細化していくというようなことがございますと林業経営上もマイナスの面がございますので、……民法による共有分割禁止の特約契約という点もございますし、場合によってはそういうものの設定について指導するなり、あるいは市町村なり森林組合による共同施業なり合理的な経営というものについて指導を強化してまいりまして、できるだけこの規定が悪影響の方向へ働くことのないように最善の努力をしてまいりたいと思っております。」と答弁した。

また、昭和六二年五月二六日の参議院農林水産委員会で、田中政府委員は、森林の細分化「によりまして適正な利用が阻害されることがないように、判決が出た直後にも各県に対しまして一定の通達を出しまして、善後措置といいますか、対策についての注意を喚起いたしました」、「対策の仕組みなり受け皿といたしましては、制度面、助成面、金融面を含めまして各種ございますので、それぞれの知恵の出し方によって十分対応可能かと思っております。」と答弁した。

これは、森林法一八六条の削除後、森林の細分化を防止するという立法目的を達成するために、国会と行政府には、法整備、金融面の施策、行政指導など利用可能な新たな手段が複数あり、そのことによって、最高裁と国会や政治部門との対話が成立することを示している。

(3) まとめ

森林法の法改正も国会が違憲判決に迅速に対応した例といえる。ただ、この法改正においても国会では憲法論議をすることなく法改正を行っている。最高裁の判断に納得している旨の政府委員の答弁からすると、この法改正は、最高裁の違憲判決に政治部門が納得しつつ服従した例といえる。

しかし、合憲とされた立法目的を達成するための新たな法整備、金融面の施策、行政指導などの新たな手段を用いることが可能であるため、政治部門には拡張型の対応をとる余地が残されている。

5　郵便法違憲判決（最大判平成一四年九月一一日民集五六巻七号一四三九頁）

(1)　最高裁の判決内容

本件では、郵便法六八条、七三条が国の損害賠償責任を制限または免除していることが、国などに対する損害賠償請求権を保障する憲法一七条に違反するか否かが争点となった。

多数意見は、①郵便法六八条と七三条の目的は「郵便の役務をなるべく安い料金で、あまねく、公平に提供することによって、公共の福祉を増進すること」という同法一条の目的であり、これは「正当」である、②書留郵便物については、その「目的を達成するため、郵便業務従事者の軽過失による不法行為に基づき損害が生じたにとどまる場合には、法六八条、七三条に基づき国の損害賠償責任を免除し、又は制限することは、やむを得ないものであり、憲法一七条に違反するものではない」が、③「六八条、七三条の規定のうち、書留郵便物について、郵便業務従事者の故意又は重大な過失によって損害が生じた場合に、不法行為に基づく国の損害賠償責任を免除し、又は制限している部分は、憲法一七条が立法府に付与した裁量の範囲を逸脱したもので……同条に違反し、無効である」、それに加え、④「六八条、七三条の規定のうち、特別送達郵便物について、郵便業務従事者の軽過失による不法行為に基づき損害が生じた場合に、国家賠償法に基づく国の損害賠償責任を免除し、又は制限している部分は、憲法一七条に違反し、無効である」と判示した。

これも立法目的を合憲としつつ、立法手段を違憲とする判断手法である。

(2) 違憲判決後の対応と国会での審議

この違憲判決を受け、平成一四年一一月二七日に郵便法の改正法が成立した。

① 判決後の行政の対応

平成一四年一一月二六日の参議院総務委員会で、郵政事業庁次長の有冨政府参考人は、「既に九月の一一日に判決がありましたので、その日のうちに全国の郵便局に対しまして、書留とかあるいは特別送達の郵便物につきまして、正規取扱いの励行ということについて一層留意するように、ひとまず通達を流しておりますけれども、今回この法改正が行われますと、この内容やあるいは関係の郵便物を始めとする正規取扱いの徹底につきまして、通達等によりましてより徹底した指導を行いたいと思います。」と答弁した。

②　郵便法の改正法案

平成一四年一一月一二日の衆議院総務委員会で、片山総務大臣が、郵便法の一部を改正する法律案の提案理由および内容の概要を以下のように説明した。すなわち、「この法律案は、郵便法中、国の損害賠償責任の免除または制限に関する規定は部分的に憲法違反であるとの最高裁判所判決があったことにかんがみ、国の損害賠償責任の範囲の拡大等をしようとするものであります。／次に、法律案の内容について、その概要を御説明申し上げます。／第一に、郵政事業庁長官は、郵便の業務に従事する者の故意または重大な過失により、引き受け及び配達の記録をする郵便物に係る郵便の役務をその本旨に従って提供せず、または提供することができなかったときは、これによって生じた損害を賠償する責めに任ずることを定めることとしております。／第二に、郵政事業庁長官は、郵便の業務に従事する者の故意または過失により、引き受け及び配達の記録をする郵便物に係る郵便の役務のうち特別送達の取り扱いその他総務省令で定めるものをその本旨に従って提供せず、または提供することができなかったときは、これによって生じた損害を賠償する責めに任ずることを定めることとしております。／その他、これらの損害賠償の請求には、現行の損害賠償の請求権者の制限に関する規定は適用されないこととする等の規定の整備を行うこととしております。／なお、この法律は、公布の日から施行することといたしております。」。

平成一四年一一月一四日の衆議院総務委員会で、同法案は、起立総員で原案のとおり可決され、同年一一月一九日の衆議院本会議で可決された。参議院では、同年一一月二一日の総務委員会で、片山総務大臣から、郵便法の一部を改正する法律案の提案理由および内容の概要の説明がなされ、同年一一月二六日の総務委員会で同法案は、全会一致で可決され、同年一一月二七日の参議院本会議で、全会一致で可決・成立した。

③　違憲判決に伴う法改正は当然

平成一四年一一月一四日の衆議院総務委員会で、郵便法改正案の質疑が行われた。松沢委員は、「きょう提案されております郵便法の一部を改正する法律案、これは憲法違反ということなので、法律を直すのは当然だと思っていまして、そういう意味では問題がないと思う」と、また、矢島委員も、「提案されております法案は、先ほど来話がありますように、九月一一日の最高裁の違憲判決、これを踏まえて郵便法を改正するものですけれども、私は当然のことだと思います」と、さらに、横光委員も、「違憲となった以上は、やはり法改正はしなければならないわけでございます」と述べ、最高裁の違憲判決があれば法改正は当然であるとの認識が示されている。

黄川田委員が同会議で、郵便法改正案を提出するに至った理由を質問した際、総務省郵政企画管理局長の團政府参考人は、「このような憲法判断が示されたということから、同種の問題が生じた場合には、これは当然のことながら、司法は同一の判断を示すということになりますので、このような違憲の状態を速やかに解消する必要があるというふうに考えまして、判示された部分につきましてこの改正案を提出しているものでございます。」と答弁し、最高裁の違憲判決には個別的効力に加えて判例の拘束力のようなものがあることを根拠に、法改正の必要性を説明した。

平成一四年一一月二六日の参議院総務委員会で、片山総務大臣は、「私はそれは、今回の最高裁の判決は合理性があると思いますね。書留については、重過失や故意は、これは賠償責任の対象にする、特別送達の扱いについては更に軽過失まで入れると。／こういうことでございまして、これは、今のいろんなことから考えると私はやむを得ない判決だと思いますので、これを受け入れて、今回違憲状況を解消すると、こういうことにいたしたいと思います」、「この判決を、……真摯に受け止めて、適切な対応をいたしたいと考えております。」と答弁し、今回の違憲判決に総務大臣も納得している様子がうかがわれる。

④　改正範囲を拡大する可能性

平成一四年一一月二六日の参議院総務委員会で、宮本委員の「本法案は、この九月の一一日に出された最高裁判決の趣旨を受けて郵便法を改正するものであって、当然我が党も賛成でございます。／しかし同時に、この改正案に示された総務省の姿勢には不満を若干感じざるを得ません。この法案には判決によって違憲とされた部分をとにかく手当てしたという以上のなかなか姿勢を感じられないからであります。」との指摘に対し、総務省郵政企画管理局長の團政府参考人は、「御質問の郵便に関する賠償の範囲、制限の問題でございますが、今回、御指摘のとおり、判決で示された考え方で改正案を提出させていただいております。／その他の部分についてはこの制限を残しているわけでございますが、これは従来の主張につきましては、実は最高裁の判決におきましても、郵便法の第一条の目的の下に運営される郵便制度の維持のためには、国の損害賠償の対象及び範囲に限定を加えた目的は正当なものと言われているわけでございます。しかし、その全体的な正当性の中でこの記録扱いの郵便物等につきましては、これは過剰な制限をしているというふうに、違憲であるというふうに言われているわけでございます。／したがいまして、郵便の特質からしまして、一定の制限についてはやむを得ないという最高裁の判決に従っているわけでございまして、この考え方といいますものは認められているというふうに考えておりまして、全般的な制限の撤廃というのはこれはやる必要はないんじゃないかというふうに考えております。」と答弁した。ここに、違憲状態解消のため必要最小限の法改正のみを行うという政府側の姿勢がみられる。

(3)　まとめ

この法改正は、政治部門が最高裁の違憲判決に納得し、違憲状態を解消するために必要最小限の対応をした服従型の対応と理解することもできる。

しかし、憲法一七条は、公務員の不法行為がある場合の規定であるから、債務不履行に基づく損害賠償責任については、本判決の問題とするところではなく、本判決により、憲法一七条により規定が一部無効とされたのは、不法行為に基づく賠償責任についてのみである。しかし、改正された郵便法六八条は、引受けおよび配達の記録をする郵便物について、郵便業務従事者に故意または重大な過失がある場合の賠償義務を規定したが、ここでは、不法行為責任と債務不履行責任とを区別していないのであり、郵便法は、最高裁が違憲とした範囲を超えて、改正されている。その理由は国会の議事録をすべてみても明らかではない。いずれにしても、違憲判決の内容を超えたこの法改正は、拡張型の要素も伴っていたのである。

6　在外国民選挙権制限違憲判決（最大判平成一七年九月一四日民集五九巻七号二〇八七頁）

(1)　最高裁の判決内容

本件の主な争点は、①平成一〇年改正（以下「本件改正」）前の公職選挙法は、在外国民に衆議院議員選挙および参議院議員選挙における選挙権の行使を全く認めていなかった点において憲法に違反していたか、②本件改正後の公職選挙法は、その附則八項で在外国民に衆議院小選挙区選出議員の選挙および参議院選挙区選出議員の選挙における選挙権の行使を認めていない点において憲法に違反しているかであった。

多数意見は、①「自ら選挙の公正を害する行為をした者等の選挙権について一定の制限をすることは別として、国民の選挙権又はその行使を制限することは原則として許されず、国民の選挙権又はその行使を制限するためには、そのような制限をすることがやむを得ないと認められる事由がなければならないというべきである。そして、そのような制限をすることなしには選挙の公正を確保しつつ選挙権の行使を認めることが事実上不能ないし著しく困難であると認められる場合でない限り、上記のやむを得ない事由があるとはいえず、このような事由なしに国民の選挙権の行使を制限することは、憲法一五条一項及び三項、四三条一項並びに四四条ただし書に違反するといわざるを得ない。また、このことは、国が国民の選挙権の行使を可能にするための所要の措置を執らないという不作為によって国民が選挙権を行使することができない場合についても、同様である。」と非常に厳しい違憲審査の判断枠組みを提示し、②「本件改正前の公職選挙法が、本件選挙当時、在外国民であった上告人らの投票を全く認めていなかったことは、憲法一五条一項及び三項、四三条一項並びに四四条ただし書に違反するものであった」、③本件改正後の公職選挙法に関しては、「遅くとも、本判決言渡し後に初めて行われる衆議院議員の総選挙又は参議院議員の通常選挙の時点においては、衆議院小選挙区選出議員の選挙及び参議院選挙区選出議員の選挙について在外国民に投票をすることを認めないことについて、やむを得ない事由があるということはできず、公職選挙法附則八項の規定のうち、在外選挙制度の対象となる選挙を当分の間両議院の比例代表選出議員の選挙に限定する部分は、憲法一五条一項及び三項、四三条一項並びに四四条ただし書に違反する」と判示した。

本判決は、目的審査・手段審査という枠組みを必ずしも明確に使用していないため、本判決が手段違憲の判決であるかどうか必ずしも明確ではない。しかし、「選挙の公正を確保しつつ選挙権の行使を認めること」を立法目的として措定し、そのために解決すべき諸問題がある間は選挙権の一定の制限は許されるが、問題が解決された後長期にわたり選挙権を制限し続けることは違憲である旨の判決として本判決を理解するならば、本判決も手段違憲判決と理解することも可能であろう。

(2)　違憲判決後の対応と国会での審議

本判決の翌年、平成一八年六月七日に、違憲とされた公職選挙法附則八項を削除し、衆議院小選挙区選出議員と参議院選挙区選出議員の選挙を在外選挙の対象とする改正法が成立した。

①　最高裁判決の受け止め方

平成一八年四月二一日の衆議院政治倫理の確立及び公職選挙法改正に関する特別委員会で、公職選挙法の一部を改正する法律案が審議され、竹中総務大臣は、「昨年九月一四日の最高裁の判決を我々は大変厳粛に受けとめているところでございます。……我々としては、この判決を受けまして、外務省を初め関係方面とも協議を重ねて、そして、在外選挙の対象となる選挙を、衆議院小選挙区選出議員及び参議院選挙区選出議員の選挙とすること等を内容とする今回の改正案を提出させていただいているところでございます。」と答弁した。

②　公職選挙法の改正法案

平成一八年四月二〇日の衆議院政治倫理の確立及び公職選挙法改正に関する特別委員会で、竹中総務大臣は、公職選挙法の一部を改正する法律案の提案理由および内容の概要を以下のように説明した。すなわち、「この法律案は、衆議院小選挙区選出議員及び参議院選挙区選出議員の選挙を在外選挙の対象とするとともに、個人情報保護に対する意識の高まりに的確に対応するため、選挙人名簿の抄本の閲覧制度を見直す等の措置を講じようとするものであります。／次に、法律案の内容について、その概要を御説明申し上げます。／第一に、在外投票に関する事項であります。／衆議院小選挙区選出議員及び参議院選挙区選出議員の選挙を在外選挙の対象とするとともに、在外公館投票の終了時期を選挙の期日前六日に改めるほか、衆議院議員または参議院議員の再選挙または補欠選挙における在外公館投票の期間等を定めることといたしております。／第二に、在外選挙人名簿の登録に関する事項であります。／在外選挙人名簿の登録に関する三カ月の住所要件を満たす前の時点においても、在外選挙人名簿への登録申請をすることができることといたしております。／第三に、選挙人名簿の抄本の閲覧等に関する事項であります。／選挙人名簿の抄本の閲覧が認められる場合を、一、選挙人が特定の者の登録の有無を確認する場合、二、公職の候補者等、政党その他の政治団体が政治活動や選挙運動を行う場合、三、報道機関や学術研究機関などが政治または選挙に関する世論調査や学術調査を行う場合の三つに法令上限定するとともに、閲覧の際の手続や、偽りその他不正の手段による閲覧に対する制裁措置等に関する規定を新たに設けることといたしております。／第四に、施行日等に関する事項であります。／在外投票に関する事項については公布の日から一年を超えない範囲内において政令で定める日、在外選挙人名簿の登録に関する事項については平成一九年一月一日、選挙人名簿の抄本の閲覧等に関する事項については公布の日から六月を超えない範囲内において政令で定める日から施行することといたしております。」。

平成一八年四月二一日の衆議院政治倫理の確立及び公職選挙法改正に関する特別委員会で、同法案は、全会一致で原案どおり可決され、四月二五日の衆議院本会議で可決された。参議院では、平成一八年五月一九日の参議院政治倫理の確立及び選挙制度に関する特別委員会で、竹中総務大臣が、同法案の提案理由および内容の概要を説明し、六月二日の参議院政治倫理の確立及び選挙制度に関する特別委員会で、同法案が全会一致で可決され、六月七日の参議院本会議でも同法案は全会一致で可決・成立した。

③　国民投票法制の問題

平成一八年四月二一日の衆議院政治倫理の確立及び公職選挙法改正に関する特別委員会で、大塚委員は、憲法改正に必要な国民投票法制についても、より一層在外国民が投票する環境が担保されるべき問題であると指摘し、竹中総務大臣は、「憲法改正国民投票法案については、現在国会で、まさしく委員御指摘のように、各党各会派間で御議論をされているところでございます。／成案が得られた場合には、その法律の枠組みの中で、国民投票、これは公正、公平の観点をしっかり踏まえなければいけません。その上で、在外邦人の方にもできる限り投票しやすいような方策について、これは我々、外務省とも協議、調整をしながら、また、管理、執行を担う市町村の選管の意見等もお聞きしながら、よく検討してまいるつもりでございます。」と答弁した。

平成一九年に成立した日本国憲法の改正手続に関する法律六二条は在外投票を認めている。

④　一時的国外滞在者の問題

平成一八年四月二一日の衆議院政治倫理の確立及び公職選挙法改正に関する特別委員会で、小里委員は、海外に派遣された自衛隊員や緊急援助隊員など国内に住所を有しながら一時的に国外に滞在をするいわゆる一時的国外滞在者は、今回の改正でも現地で投票することができない点について質問し、竹中総務大臣は、「長期出張というのはビジネスの世界でも結構あるわけでございます。そういう中で、具体的にやはり、今御指摘になられたイラクに派遣されている自衛隊、国際緊急援助隊、まさにこれは国の大変重要な役割を担って行ってくださっているわけでございますので、どのように対応すべきかというのは大変重要な問題であるというふうに私も認識をしております。／現行の公職選挙法では、一時的に国外に滞在する選挙人が選挙の投票を国外で行うことができるか。この方法としましては、実は、船員である選挙人が船舶内で行う不在者投票というのがあるわけでございますが、これだけが例外として認められているという形になっております。／今回、国外に派遣された自衛隊員等の投票機会の確保をどのようにするのか、選挙人間の公平や選挙の公平の確保に留意をしながら、これはやはり検討しなければいけない、そういう必要があるというふうに思っております。／現在、各党各会派において御議論をいただいているところであるというふうに承知をしております。我々としては、その議論を見守りながら、我々として必要な検討を行ってまいりたいというふうに思います。」と答弁した。

平成一八年四月二一日の衆議院政治倫理の確立及び公職選挙法改正に関する特別委員会では、郵便投票制度の運用改善、海外選挙区を設けること、インターネットによる選挙活動の容認などについても意見が出された。

平成一八年六月二日の参議院政治倫理の確立及び選挙制度に関する特別委員会で、辻委員が、ＰＫＯやイラク復興支援などのために海外で活動する自衛隊員の投票の機会が奪われていることについて質問し、竹中総務大臣は、「このたび、与党においてこの課題に向けた解決策について議員立法という形で法案を提出するとの判断がなされたと承知をしております。自衛隊員に限らず、法律の規定に基づき国外へ派遣される一定の組織に属する選挙人について、国外での不在者投票制度を創設する等の内容とする公職選挙法の改正案が取りまとめられたものと承知をしているところでございます。／この改正案、今後、各党各会派で御議論がされるということになると思います。我々としては、その推移を是非しっかりと見守っていきたいと思っております。」と答弁した。それに対し、辻委員は、「議員立法もいいんですけれども、いつもそうなんですけれども、問題が予見されながら政府がなかなか答え出さないまま議員立法を待つといいますか、そういうことが多くあるわけですけれども、政府としても、やはり問題点は最初から、当初から予想されるわけですから、そういったことについては機動的に政府としての対応も進めていただきたいと、このことを一般論として申し上げておきたいと思います。」と政府に要請した。

このように、この国会審議では、最高裁に違憲と判断された法律以外にも、在外投票に関連して、改正すべき問題あるいは今後検討すべき問題があることが自覚されていた。しかし、平成一八年六月二日の参議院政治倫理の確立及び選挙制度に関する特別委員会で、竹中総務大臣は、「今回は先般の最高裁の判決を受けまして、我々としてはまずこれはやらなきゃいけないということで法案を出させていただいておりますけれども、今日様々な形での御議論をいただいておりますから、そういうことを踏まえまして、我々行政として検討すべきことあると思います。」と答弁し、検討すべき問題点はあるが今回は、違憲判決を受けた後の必要最小限の法改正を行うという姿勢を示した。

(3)　国外における不在者投票制度の創設

在外投票制度の対象選挙を衆議院小選挙区選挙および参議院選挙区選挙に拡大する公職選挙法の改正案の審議過程で指摘された、国外に派遣された自衛隊員などの投票機会の確保の問題は、特に、平成一六年の参議院議員通常選挙や、平成一七年の衆議院議員総選挙、また、山形県知事選挙や兵庫県知事選挙の際に、国外に派遣されている自衛隊員などが選挙権を行使できないということが問題となり、国会でも質疑が行われ、また報道でも大きく取り上げられた。

この問題は、鳩山邦夫議員などが提出した国外における不在者投票制度を創設する公職選挙法の一部を改正する法律案が成立し、法律の規定に基づいて国外に派遣される一定の組織に属する選挙人に限定して国外での不在者投票が認められたことにより、部分的な解決が図られた。

平成一八年六月九日の衆議院政治倫理の確立及び公職選挙法改正に関する特別委員会で、鳩山議員は、国外における不在者投票制度を創設する公職選挙法の一部を改正する法律案の提案理由を、①「選挙権が国民にとって重要な参政権の一つであることから、でき得る限り国民すべてが実際に選挙権を行使できる環境を整備する必要がある」、②「しかしながら、今直ちにすべての人に選挙権を行使させることは、選挙の公正の確保や、国外における不在者投票の現実的な実行可能性を考慮すると、現状では極めて困難である」、③「法律の規定に基づき、国の任務を担い、国の命令を受けて国外に派遣される者」については「選挙権行使の機会を回復する措置を講ずる必要」がある、④「南極地域観測隊員」についても「選挙権行使の機会を確保するための措置を講ずる必要」があるなどと説明した後、この法律案の内容の概略を以下のように説明した。すなわち、「第一に、国外における不在者投票制度の創設であります。／まず、法律の規定に基づき国外に派遣される組織のうち、その長が当該組織の運営について管理または調整を行うための法令に基づく権限を有すること、当該組織が国外の特定の施設または区域に滞在していることという二つの要件を満たす組織であって、当該組織において不在者投票が適正に実施されると認められるものとして政令で定めるものを特定国外派遣組織と定義しております。／そして、この特定国外派遣組織に属する選挙人で国外に滞在するもののうち職務等のため選挙の当日投票することができないと見込まれるものの投票については、政令で定めるところにより、不在者投票の方法により行わせることができるものといたしております。／なお、今回の国外における邦人の不在者投票は、国政選挙だけではなく地方選挙についても対象といたしております。／第二に、南極地域観測隊の隊員等のファクシミリ装置による投票についてであります。／南極地域観測隊の隊員等で、南極地域にある科学的調査の業務の用に供される施設または本邦とその施設との間において南極地域観測隊を輸送する船舶に滞在するもののうち職務等のため選挙の当日投票することができないと見込まれるものの衆議院議員の総選挙または参議院議員の通常選挙における投票については、政令で定めるところにより、ファクシミリ装置を用いて送信する方法により行わせることができるものといたしております。……」。

佐々木委員は、同会議で、この法律案に関し、「ともかく、現在一時的に国外に滞在する選挙人についてはー六八〇万人ですね、その中で今回対象はいわば一四〇〇人ですよ、本当に微々たるものなんです。これは一歩といえば一歩でしょう。しかし、まだまだ対象を広げなければならないというふうに思います。といいますのは、昨年九月の最高裁大法廷の判決で、国が国民の選挙権の行使を可能にするための所要の措置をとる必要があるというふうに出ているわけですね。当然そうすべきであります。」と述べ、最高裁の違憲判決の趣旨をふまえて、今後も在外不在者投票制度の対象を拡大すべきであるとの考えを示した。

平成一八年六月一四日の参議院政治倫理の確立及び選挙制度に関する特別委員会で、政府が法案を提出できなかったことについて辻委員は、「常に政府として答え出せないものを議員立法で回すというようなそういうふうな弊害も、そういった例も多いわけでございまして、そういった意味で、政府の機動的な対応というものもやはり問われるところもあると思います。／そういった意味で、今後とも、こういった投票権を国民にみんなに広げていくというのは当然のことでございますので、政府としてもしっかり取り組んでいただくように、もちろん、議員立法でやることももちろんそれはあり得るわけでございますけれども、やはり政府としても積極的に取り組んでいただくことをまず申し上げておきたいと思います。」と苦言を呈した。

その後、この法案は、平成一八年六月一六日の参議院本会議で可決・成立した。

(4)　まとめ

在外選挙制度の法改正に関しては、①憲法問題については最高裁に違憲と判断された問題を解消するための必要最小限の法改正という側面と、②選挙区選挙も対象となることによって補欠選挙の体制など総選挙・通常選挙と異なる配慮をする必要はないか、選挙の公正を確保しつつ在外邦人の利便性向上の観点から改善できるものはないかなどの諸点について検討を行い、あわせて法改正が行われたという側面がある。これは最高裁の違憲判決に国会が単に服従したのではなく、最高裁の違憲判断の内容を超え、選挙権の行使がより容易なようにするための法改正もなされ、実際に選挙権が行使できることの重要性を強調する最高裁の立場により適合的な形で国会と内閣が対応した拡張型の例と理解することができる。

また、最高裁の違憲判決を契機として、従来から議論のあった一時的国外滞在者のための国外における不在者投票制度の創設が議員立法で実現したことは、選挙権行使の保障を重視する最高裁の立場をふまえた、国会による拡張型の対応と評価できる。これは、政府が法改正に踏み切れずにいた状況で、議員立法による対応を行ったもので、政府の不十分な対応を国会がカバーした拡張型の対応例と理解することができる。

ただし、在外国民による最高裁判所裁判官の国民審査の問題は、国会審議では取り上げられておらず、その問題が放置された点をふまえると、平成一八年の法改正は、「限定的な拡張型」と評価すべきであろう。

7 まとめ

最高裁が法律を違憲とした判決の多くは、立法目的を合憲としつつ、立法手段を違憲と判断している。その結果、問題となった法律は全否定されず、立法目的を維持したまま立法手段を修正することにより国会の当初の目的を一定程度実現することが可能となる。実際、郵便法違憲判決を受け、国会は違憲と判断された法律を修正し、違憲状態を解消した。これは、最高裁と国会や政治部門との一回的な対話と評価できる。

また、立法手段の違憲判決を受け国会は、刑法二〇〇条と他の尊属加重規定、薬事法の距離制限規定、森林法一八六条の規定を、修正ではなく、削除する方法をとった。これは合憲とされた立法目的を含む当該規定を国会自ら全否定したように見える。しかし、実際には、刑法二〇〇条の立法目的は刑法一九九条の適用でも十分達成することができ、それ以外の法律でも、他の法律の整備、金融や助成制度、行政指導など他のとりうる手段を用いて、合憲とされた立法目的を達成することができる。これも、最高裁と国会や政治部門との一回的な対話と評価できる。

このような対話が成立した要因には、最高裁の違憲判決を尊重し、必要な法改正を行う必要があると国会や政治部門が考えていることがあげられる。

国会の対応には、憲法論議をほとんど行わず、最高裁の違憲判決に単に服従しているものや、必要最小限の法改正しか行わないものもある。しかし中には、国会の独自の判断で、最高裁の違憲判決を尊重しつつも、違憲判決で求められている範囲を超える法改正を行っている拡張型の対応例もある。また、最高裁の憲法判断を批判し、対向的な要素を含む拡張型の対応の可能性もみられる。

国会と政府の関係をみても、通常は、違憲判決を受けた法改正は政府提出法案で行われるため、政府と国会が協力していることが確認できる。ただ、国外における不在者投票制度の創設に関しては、政府の対応ミスを国会が議員立法でカバーするといった現象も見られる。

また、これまで行政府は、最高裁の違憲判決に迅速に対応してきたと評価できる。

最後に、一般的には、国会における憲法論議が不十分で、憲法に関する対話が実質的に行われていると評価することは困難である。

第三章　衆議院の議員定数不均衡に関する対話

1　中選挙区制の下での継続的な対話

⑴　中選挙区制

昭和二五年に制定された公職選挙法は、衆議院議員の選挙制度につき、一つの選挙区に複数の議員定数が割り当てられる中選挙区制を採用し、各選挙区の議員定数を定めた別表第一の末尾において、同別表は同法施行の日から五年ごとに直近に行われた国勢調査の結果によって更正されるのを例とするものと定めていた。その制定時においては、選挙区間の投票価値の最大較差は一対一・五一であった。その後、都市部への急速な人口集中があったにもかかわらず、議員定数に係る別表の更正は長く行われず、昭和三九年に至ってはじめて議員定数を一九増加させる改正が行われるにとどまった。その結果、最大較差は拡大し続けた。

(2)　継続的な対話

衆議院の中選挙区制の下では、最高裁の違憲判決⇩国会の法改正という一回的な対話ではなく、最高裁の違憲判決⇩国会の法改正⇩改正された法律の違憲審査⇩更なる法改正という、最高裁と国会との継続的な対話が行われている。このような継続的な対話は、中選挙区制の下での一連の最高裁判決と国会による累次の法改正を、時間の流れの中で概観すると見えてくる。以下では継続的な対話の流れを大まかに示し、そのイメージを得ることとする。

昭和二五年の公職選挙法制定当時、選挙区間の投票価値の最大較差は一対一・五一であったが、昭和四七年の総選挙時の最大較差は一対四・九九にまで拡大し、昭和五一年大法廷判決は議員定数配分規定を違憲と判断した。この裁判が係属中の昭和五〇年には、議員定数を二〇増加させる公職選挙法の改正が行われ、最大較差が一対二・九二に縮小した。

その後、昭和五五年の総選挙時の最大較差一対三・九四に関し、昭和五八年大法廷判決は、昭和五〇年法改正により最大較差が一対二・九二に縮小したことによって投票価値の不平等状態は一応解消されたが、選挙当時の最大較差一対三・九四は違憲状態に至っているが、合理的期間内における是正がされなかったとは断定し難いと判断した（違憲状態・結論合憲判断）。さらに、昭和五八年の衆議院議員選挙当時の最大較差一対四・四〇に関し、昭和六〇年大法廷判決は違憲判断を示した。

このような判決を受け、昭和六一年法改正では、はじめて議員定数の削減を含むいわゆる八増七減の改正が行われ、最大較差は一対二・九九となった。その法改正後、昭和六一年の衆議院議員選挙当時の最大較差一対二・九二に関し、昭和六三年判決は合憲判断を示した。また、平成二年の衆議院議員選挙当時の最大較差一対三・一八に関し、平成五年大法廷判決は、最大較差が一対二・九九となった昭和六一年法改正により投票価値の不平等状態は解消されたが、選挙当時の最大較差一対三・一八は違憲状態であったが、是正のための合理的期間は経過していないとして、結論は合憲とした。

このような状況下で国会は、九増一〇減などを内容とする平成四年改正法を成立させ、最大較差は一対二・七七に縮小した。この改正法の下での最大較差一対二・八二に関し、平成七年判決は違憲状態ではないと判示した。

これまでの判例の流れから明らかなように、最高裁は累次の判決において、最大三倍までの較差を合憲とする判断を重ねてきた。

この一連の流れは、国会による法改正⇩法改正時点では違憲状態は解消されたが、その後の較差を違憲状態とする最高裁の違憲状態判決⇩最高裁の違憲判決⇩国会による法改正⇩最高裁による合憲判決⇩法改正時点では違憲状態は解消されたが、その後の較差を違憲状態とする最高裁の違憲状態判決⇩国会による法改正⇩最高裁による合憲判決という、継続的な対話を示している。

以下では、昭和五一年大法廷判決以降の主要な判例を概観する。その際、判例に示された理由などのうち、対話に関連する部分を中心に紹介する。

(3)　昭和五一年大法廷判決（最大判昭和五一年四月一四日民集三〇巻三号二二三頁）

本件では、昭和五〇年の公職選挙法の改正前、昭和四七年一二月一〇日に行われた本件衆議院議員選挙当時の選挙区間における議員一人当たりの選挙人数の最大較差が一対四・九九であったことの合憲性が問題となった。

①　**多数意見（違憲判断）**

多数意見は、①投票価値の平等は憲法の要求である、②投票価値の不平等が、「国会において通常考慮しうる諸般の要素をしんしゃくしてもなお、一般的に合理性を有するものとはとうてい考えられない程度に達しているときは、もはや国会の合理的裁量の限界を超えているものと推定されるべきものであり、このような不平等を正当化すべき特段の理由が示されない限り、憲法違反と判断する」、③最大較差約一対五が示す投票価値の不平等は、本件選挙当時には「憲法の選挙権の平等の要求に反する程度になっていた」、④人口の異動などによる事情によって「具体的な比率の偏差が選挙権の平等の要求に反する程度となったとしても、これによって直ちに当該議員定数配分規定を憲法違反とすべきものではなく、人口の変動の状態をも考慮して合理的期間内における是正が憲法上要求されていると考えられるのにそれが行われない場合に始めて憲法違反と断ぜられるべき」である、⑤本件議員定数配分規定は、「憲法上要求される合理的期間内における是正がされなかった」、⑥本件議員定数配分規定は、本件選挙当時、全体として違憲の瑕疵を帯びる、⑦本件においては、いわゆる事情判決の手法により、「選挙を無効とする旨の判決を求める請求を棄却するとともに、当該選挙が違法である旨を主文で宣言する」と判示した。

多数意見が採用した事情判決の手法は、「当該法律は違憲であり国会は直ちに当該法律を改正すべきである」という強いメッセージ性をもつ「警告的な判決」であり、最高裁が国会の対応を強く求める判決と評価できる。ただし、多数意見には国会に対して法改正を求める明示的な要請はないため、多数意見の法改正を要請するメッセージはいわば間接的なものにとどまっている。

本判決では、本件訴えを不適法却下とする天野裁判官の反対意見を除く一四人の裁判官が、本件議員定数配分規定を違憲と判断しているため、国会に対するメッセージは極めて強いものであった。

②　反対意見（違憲判断・部分的選挙無効）

岡原裁判官ら五人の反対意見は、本件選挙当時の議員定数配分規定は、問題となっている千葉県第一区に関する限り、違憲の瑕疵があるので、憲法九八条によって無効であり、これに基づく本件選挙もまた無効とすべきものであると説示する。

岸裁判官の反対意見は、「千葉県第一区の選挙は無効であるが、当選人四名は当選を失わない」とするが、その際「このような問題は、本来、国会の権限と責任において解決すべきものであり、……裁判所が違憲の判断を示すことによってその是正を国会に期待することができるのであるから、決して、国民の権利の救済にとって無力なものではない」と説示する。「裁判所が違憲の判断を示すことによってその是正を国会に期待することができる」とする部分は、最高裁と国会との対話を前提としていると考えられる。

③　昭和五〇年法改正

この違憲判決の前年に、議員定数を二〇増加させる昭和五〇年の公職選挙法の改正が行われ、その結果、最大較差が一対二・九二に縮小したため、国会は最初の違憲判決に対応していない。

(4)　昭和五八年大法廷判決（最大判昭和五八年一一月七日民集三七巻九号一二四三頁）

本件では、昭和五〇年の法改正後、昭和五五年六月二二日に行われた本件衆議院議員選挙当時、選挙区間における議員一人当たりの選挙人数の最大較差が一対三・九四であったことの合憲性が問題となった。

①　多数意見（違憲状態・結論合憲）

多数意見は、①最大較差一対三・九四が示す投票価値の不平等は違憲状態であった、②昭和五〇年の公職選挙法改正の結果、最大較差は一対二・九二に縮小し、投票価値の不平等の違憲状態は「一応解消されたものと評価することができる」、③本件選挙までに、昭和五〇年改正法の公布から約五年、施行から約三年半を経たにとどまることなどの事情があり、憲法上要求される合理的期間内における是正がされなかったとはいえない、④本件選挙当時、本件議員定数配分規定が憲法に違反するものであると断定することはできない、と判示した。

多数意見は、その後、「なお、前述のとおり、選挙区間における本件選挙当時の投票価値の較差は憲法の選挙権の平等の要求に反する程度に至っていたものであるから、議員定数配分規定は、公職選挙法別表第一の末尾に、五年ごとに直近に行われた国勢調査の結果によって更正するのを例とする旨規定されていることにも照らし、昭和五〇年改正法施行後既に約七年を経過している現在、できる限り速やかに改正されることが強く望まれるところである。」と付言する。

この「なお」ではじまる部分（以下「なお書き」）は、通常傍論と理解されているが、国会に対し法改正を直接的に強く要請するものであり、この要請に国会が適切に対応しない場合、最高裁が将来違憲判決を出す可能性を示唆している。実際、本判決後間もない昭和五八年一二月一八日の衆議院議員選挙に係る訴訟で、最高裁は違憲判決を下した（次の昭和六〇年大法廷判決）。そうであれば、この多数意見は、直接的に法改正を要請する、かなり強い違憲警告的な判決と理解できる。

この判決では、本件選挙当時において投票価値の不平等が違憲状態にあったことは、本件訴えを不適法とする藤崎裁判官を除く一四人の裁判官の一致するところであった。その意味でも、本判決は、一四人の裁判官が、国会に対し迅速な対応を強く求めるものであった。

② **反対意見**（**違憲判断**）

団藤裁判官の反対意見、中村裁判官の反対意見、谷口裁判官の反対意見、木戸口裁判官の反対意見は、本件選挙当時の議員定数配分規定を違憲とし、横井裁判官の反対意見、安岡裁判官の反対意見は、昭和五〇年改正当時の議員定数配分規定を違憲とするように、多数意見よりも厳しい判断を示しており、本判決は全体として立法府の対応をかなり強く求めるものとなっている。

特に、団藤反対意見、中村反対意見、木戸口反対意見は、将来、事情判決ではなく、選挙無効判決を出す可能性を示唆し、国会への対応をさらに強く迫るものとなっている。この点、中村反対意見は、昭和五一年大法廷判決は、具体的事情によっては当該選挙を無効とする判決が下される可能性を当然認めているものと解され、例えば違憲判断に事情判決の法理に従った処理をする判決後も「相当期間かかる改正がされることなく漫然と放置されている等、国会による自発的是正の可能性が乏しいとみられるような状況の下で更に新たに選挙が行われたような場合を想定すると、……選挙無効の判決をすべきものとされる可能性は十分にあると思われる（このような無効判決は、国会に対して立法改正を間接的に強制する効力をもつが、もとよりそのゆえをもってそれが司法権の限界を超えて国会の立法活動に介入するというにはあたらないであろう。）。」と説示する。ここでは、事情判決のように違憲判決がもつ政治部門に対するインパクトが比較的弱い判決の後、国会が適切に対応しなかった場合、選挙無効判決のようにインパクトのより強い判決を出す可能性が示唆されている。

また、横井反対意見は、「現在の裁判所としては、議員定数配分規定を全体として違憲と考える場合、それを判決の中で宣言し、国会及び国民の善処を求め続けるのが、司法権のなしうる限界であろうと思う。……本件議員定数配分規定が憲法の要求する平等の原則に反すること、選挙区間における議員一人当たりの人口の較差の最大値が一対二を超えることは許されないことを判決において明らかにし、国会と国民の賢明な対応を求めるだけで、憲法が司法に課した任務は十分果たされるものと信ずる。」と説示する。これは対話による憲法保障の考え方に類似している。

(5) 昭和六〇年大法廷判決（最大判昭和六〇年七月一七日民集三九巻五号一一〇〇頁）

本件では、昭和五八年一二月一八日施行の本件衆議院議員選挙当時、選挙区間における議員一人当たりの選挙人数の最大較差が一対四・四〇であったことの合憲性が争われた。

① 多数意見（違憲判断）

多数意見は、昭和五一年大法廷判決および昭和五八年大法廷判決が示した判断枠組みを用いて、①最大較差一対四・四〇という投票価値の不平等は違憲状態に至っていた、②憲法上要求される合理的期間内の是正が行われなかったものと評価せざるを得ない、③本件議員定数配分規定は本件選挙当時違憲であった、④本件議員定数配分規定は全体として違憲の瑕疵を帯びる、⑤いわゆる事情判決の手法により本件選挙は無効としない、と判示した。

本判決には、四人の裁判官の補足意見、木戸口裁判官の補足意見、谷口裁判官の反対意見が付されているが、谷口反対意見も議員定数配分規定を違憲と判断しており、すべての裁判官は違憲判断を示している。したがって、本判決の国会に対するメッセージは非常に強いものといえる。

② 補足意見（多数意見に同意）

四人の裁判官による補足意見は、①「昭和五八年大法廷判決は、……投票価値の較差が憲法の選挙権の平等の要求に反する程度に至っていたことを重視し、議員定数配分規定はできる限り速やかに改正されることが望まれる旨を付言した。それにもかかわらず、その後現在まで右改正は実現していない。そして、右規定の是正のための合理的期間が既に経過していることは、多数意見、反対意見を通じて異論のないところであり、また、本判決の是認する原判決の違法宣言の実質が違憲宣言であることを併せ考えると、右是正の急務であることは、昭和五八年大法廷判決当時の比ではない。一日も早く右の是正措置が講ぜられるべきものであることを強調せざるを得ない。」、②右是正措置が講ぜられることなく、現行議員定数配分規定のままで選挙が行われた場合、選挙の「効力を否定せざるを得ないこともあり得る。その場合、判決確定により当該選挙を直ちに無効とすることが相当でないとみられるときは、選挙を無効とするがその効果は一定期間経過後に始めて発生するという内容の判決をすることも、できないわけのものではない。」と説示する。右の①は、昭和五八年判決のなお書きよりも強く国会の迅速な法改正を直接的に要請している。また、右①と②からは、最高裁と国会の対話の初期段階では、最高裁は、国会に対し法改正を直接的に要請しつつも、事情判決の手法により選挙を無効とすることなく国会へのインパクトをできるだけ少なくするよう努めるが、その後国会が何も対応しない場合、最高裁はより強く国会の対応を求め、かつ、国会へのインパクトがより強い期限付き選挙無効判決（将来効判決）を将来用いる可能性があることを示唆し、そのことによってさらに強く国会の迅速な対応を求める傾向が見てとれる。

木戸口裁判官の補足意見も、①事情判決的処理には、「裁判所の立場から国会に対し早急に議員定数配分規定の是正を実現することを促す趣旨が込められている」ため、国会は、「この点を充分考慮し、速やかに右規定の是正を図るべきである（なお、右是正に当たっては、今後の人口異動の動態をも予測して、少なくとも、改正後五年間位……は再度の是正を必要としない程度の改正をすることが望まれる。）」ことと、②国会が法改正を行うことなく同一の違憲の議員定数配分規定に基づき次回選挙が行われたときは、「憲法上若干の不都合が生ずることがあるとしても、原則どおり、当該選挙を直ちに無効とするか、又は少なくとも一定期間経過後に選挙無効の効果を生ずるとの判決をすべき」ことを強調する。右の①は国会に対し直接的に法改正を要請している。

③　**反対意見（違憲判断・部分的選挙無効）**

谷口裁判官の反対意見は、「違憲の議員定数配分規定の改正は、国会がその責任において行うべきことであり、裁判所に直接その是正措置を期待するが如きは筋違いである。」、「議員定数配分規定の違憲問題については、これを立法した国会が先ず自らの判断による是正策を講ずべきであって、裁判所の違憲判断に俟つというが如きは、決して望ましいことではない。」と説示し、投票価値の平等を確保するための国会の自主的な対応が求められることを強調する。これは、国会にも憲法保障の責務を課す対話理論に類似する発想といえる。

(6)　昭和六三年判決（最二小判昭和六三年一〇月二一日民集四二巻八号六四四頁）

①　**昭和六一年法改正**

一連の判決を踏まえ、昭和六一年の公職選挙法改正において、いわゆる八増七減の改正が行われ、その結果、議員一人当たりの人口の最大較差が一対二・九九となった。

本件では、昭和六一年の法改正後、昭和六一年七月六日の本件衆議院議員選挙当時にみられた、選挙区間における議員一人当たりの選挙人数の最大較差一対二・九二の合憲性が争われた。

② **多数意見（合憲判断）**

多数意見は、①(a)本件議員定数配分規定は、昭和五八年の違憲状態判決、昭和六〇年の違憲判決に対応して、国会が行った昭和六一年法改正後のものであること、(b)衆議院本会議において、同改正法が可決された際、「今回の衆議院議員の定数是正は、違憲とされた現行規定を早急に改正するための暫定措置であり、昭和六〇年国勢調査の確定人口の公表をまって、速やかにその抜本改正の検討を行うものとする」との決議がされたこと、(c)右改正の結果、選挙区間における議員一人当たりの人口の最大較差が一対二・九九となり、本件選挙当時の選挙区間における議員一人当たりの選挙人数の最大較差が一対二・九二となり、また、人口の多い選挙区の議員数が人口の少ない選挙区の議員数よりも少ないという逆転現象が一部の選挙区間でみられたことを指摘しつつ、②本件選挙における投票価値の不平等は、「昭和六一年改正法の成立に至るまでの経緯に照らせば」、違憲状態に達しているとまではいえない、③「もっとも、本件議員定数配分規定が違憲とまではいえないこと と、右配分規定による議員定数の配分が国会の裁量権の合理的行使として適切妥当であるかどうかとは別問題であることはいうまでもなく、昭和六〇年国勢調査の確定人口の公表をまって速やかに議員定数配分規定の抜本改正の検討を行う旨の前記衆議院決議も、その見地に立ってされたものと理解される。」と説示する。右の①、②が「昭和六一年改正法の成立に至るまでの経緯」を考慮要素としている点は、最高裁の違憲状態判決または違憲判決に対する国会の対応の具体的内容を考慮に入れて合憲判断を示す手法といえる。また、右の③は、違憲か否かという観点からではなく、立法政策の妥当性の観点から、更なる国会の対応を求めている点が特徴的である。これは憲法的対話というより、立法政策に関する対話と位置づけることが可能かもしれない。

③　**補足意見（多数意見に同意）**

島谷裁判官の補足意見は、「選挙権の平等の確保のため、議員定数配分規定の抜本的改正が速やかになされることが強く望まれる」と説示し、国会に対し、直接的に速やかな「抜本的改正」を強く求める。

④　**反対意見（違憲判断）**

奥野裁判官の反対意見は、「本件議員定数配分規定は、本件選挙当時、憲法に違反するに至っていたものといわなければならないが、昭和六一年の議員定数配分規定改正の経緯、特に右改正が昭和五八年大法廷判決及び昭和六〇年大法廷判決の趣旨を踏まえ緊急の措置として行われたこと、並びに衆議院が昭和六一年五月二一日の本会議において、昭和六〇年国勢調査の確定人口に基づき早急に抜本的改正の検討を行う旨を決議していることにかんがみ、かつまた、右定数配分規定の違憲を理由として本件選挙を無効とした場合に生ずる重大な障害を回避すべき公益上の必要があることに省み」、本件については、事情判決の手法を用い、選挙は無効としないと説示する。これは、事情判決を採用すべきか否かという違憲判決の効力を決定する際に、最高裁の違憲状態判決または違憲判決に対する国会の具体的対応を考慮する手法である。この点、合憲判断を導く要素として国会の具体的対応を考慮する多数意見との違いがある。

(7)　平成五年大法廷判決（最大判平成五年一月二〇日民集四七巻一号六七頁）

本件では、平成二年二月一八日の本件衆議院議員選挙当時、選挙区間における議員一人当たりの選挙人数の最大較差が一対三・一八であったことの合憲性が争点となった。

① **多数意見（違憲状態・結論合憲）**

多数意見は、①本件選挙当時における投票価値の不平等は違憲状態である、②昭和六一年法改正の結果最大較差が一対二・九九に縮小し投票価値の不平等状態は「解消されたものと評価することができる」、③憲法上要求される合理的期間内における是正がされなかったものと断定することは困難である、と説示した後、④「なお、衆議院本会議において、昭和六一年改正法案が可決された際、『今回の衆議院議員の定数是正は、違憲とされた現行規定を早急に改正するための暫定措置であり、昭和六〇年国勢調査の確定人口の公表をまって、速やかにその抜本改正の検討を行うものとする。』等との決議がされている。しかし、これは、衆議院が、立法府としての立場で自らの適切妥当な立法権の行使についての決意を表明したものであって、右決議の存在は、本来、憲法の選挙権の平等の要求に反する程度に達していた選挙区間における議員一人当たりの選挙人数の較差につき憲法の要求する合理的期間内の是正が行われたか否かという法的判断とは次元を異にする問題であるというべきである。」と付言する。

多数意見の④とは異なり、橋元裁判官の反対意見、中島裁判官の反対意見、佐藤裁判官の反対意見は、右決議を考慮し、是正のための合理的期間が経過したと判断する。それらの反対意見は、立法府の具体的な対応の仕方を合理的期間の経過の有無を判断するための要素としている。

本判決は、味村裁判官を除く全員が一致して、本件議員定数配分規定が違憲状態になっていると判断しているが、これは最高裁から国会へ法改正を強く求める間接的なメッセージとなっている。

② 意見（違憲判断）

本件議員定数配分規定は憲法一四条一項の規定に明らかに違反すると判断する園部裁判官の意見は、「現行の定数訴訟においては、裁判所は、議員定数配分規定の全体について合憲性の有無を客観的に判断するにとどめ、違憲と判断される場合でも、それを無効としないこととするのが妥当」であり、「定数訴訟の主たる目的は、係争の議員定数配分規定の違憲性について、将来に向かって警告的判断を下すこと」で、「警告的判断がされた場合、国会は、憲法上の秩序を適正に維持するため、これに速やかにかつ誠実に対処して、その憲法上の責務を果たすべきものであることは、多言を要しない。」と説示する。これは、違憲警告判決の可能性を示し、かつ、違憲警告判決を受けた場合の国会の対応が「憲法上の責務」であることを指摘する。

③　反対意見（違憲判断）

本判決には、違憲判断を示す五人の裁判官の反対意見がある。橋元裁判官の反対意見は、本件選挙について、事情判決の手法による処理をすべきであるとするが、その際、「本件のような定数訴訟は、定数配分規定の違憲宣言を求め、立法府にその是正を促す点に主眼があること、違憲審査制度は、究極において、司法判断を立法府、行政府が尊重しこれに協力することによってその実効性が確保されるべきものであること」を強調する。これも対話理論に類似した考えである。

中島裁判官の反対意見は、①「司法部が、議員定数配分規定違憲訴訟における判断を通して、国会に対し違憲状態にある較差の是正のための自発的な行動を促すためには、その行動の具体的な基準を明示しておく必要があり、それによって法的安定性も確保することができる」などの理由により、「本件においては、較差に対する合憲性の判断基準は原則として一対三未満である旨を明示した処理をすべきである」、②本件は、事情判決的処理をするのが相当であるが、「今後、一対三以上の較差が是正されずに合理的期間が経過したまま総選挙が行われ、再度議員定数配分規定違憲訴訟が提起された場合には、もはや今回と同様の処理を繰り返すことは許されず、司法部としては、実効性のある措置を採らざるを得ないというべきである。すなわち、……当該選挙を無効とするが、その効力は判決後一定期間内（既に是正のための合理的期間を経過しているので、法改正のための追加的な猶予期間という趣旨で比較的短期間で足りるであろう。）に定数配分規定の是正がされない場合に生じるものとする判決を行うべきものと考える。」と説示する。右の①は、最高裁と立法府との対話が成立するため、最高裁は違憲判断の具体的基準を示すべきであるという考えを示している。また右の②は、国会が適切な対応をしない場合、国会に対するインパクトのより強い将来効判決が必要であることを示している。

佐藤裁判官の反対意見は、①「国会は、常に投票価値の平等に留意し、違憲状態になるのを事前に防止すべき責務がある」、②国会が適切な対応をとらない場合、「当該選挙を無効とする判決をせざるを得ない」が、その場合、将来効判決による処理によるべきである、と述べる。右の①は、憲法的価値の実現に裁判所のみならず国会も重要な責務と役割をもつことを示している。

木崎裁判官の反対意見は、「国会においては、憲法によって保障された国民の重要なる平等の権利を保障するために、また、国会議員自らの選出の基礎を安定させるためにも、他の問題に優先して解決の努力をすべきものと思われる。」と述べ、投票価値の平等の実現が、他の問題に優先して解決されるべき課題であることを指摘する。これは国会がいかなる法律をいかなる順番で成立させるのかに関する立法裁量の広狭を考える際、重要な視点である。

小野裁判官の反対意見は、「議員定数配分規定の是正がなおざりにされ、あるいは是正措置が十分でなかった」これまでの経緯は、昭和六一年法改正を評価するに当たって無視することはできない、と述べ、最高裁の違憲判決または違憲状態判決を受けての国会の対応の具体的内容が、違憲判断をする際の考慮要素となっていることを示す。

(8)　平成七年判決（最一小判平成七年六月八日民集四九巻六号一四四三頁）

① **平成四年法改正**

平成四年の公職選挙法改正は、議員一人当たりの較差が特に著しい選挙区について、定数の増員、減員および選挙区の区域の変更を行うなどのいわゆる九増一〇減などを内容とするもので、この結果、人口に基づく最大較差は一対二・七七となった。

本件では、平成四年法改正後、平成五年七月一八日に施行された本件衆議院議員選挙当時の選挙区間の議員一人当たりの選挙人数の最大較差が一対二・八二であったことの合憲性が問題となった。

② **最高裁の判断（合憲判断）**

多数意見は、これまでの判例を踏襲し、本件選挙当時の投票価値の不平等は、「平成四年改正法の成立に至るまでの経緯に照らせば」、違憲状態とまではいうことができないと合憲判断を下した。高橋・遠藤裁判官の反対意見は、本件議員定数配分規定は憲法に違反すると断ずる。

(9)　昭和六一年の公職選挙法改正と継続的対話

昭和五一年の違憲判決、昭和五八年の違憲警告判決、そして、昭和六〇年の違憲判決を受け、国会は、昭和六一年に公職選挙法を改正し、その結果、最大較差が一対二・九九となった。

この昭和六一年法改正の立法過程に関するこれまでの研究によると、①最高裁の昭和五八年の

「違憲警告」判決および昭和六〇年の違憲判決が、法案の準備過程から国会への提出、国会での審議と成立に至るまで国会および内閣に対して大きな影響力を及ぼしていること、②最高裁判決の影響は、合憲か違憲か、当該選挙が無効となるかそれとも事情判決により無効とならないか、という判決の結論だけではなく、判決の理由づけの中における憲法判断および国会や内閣に対する意見の表明、さらには、補足意見での憲法判断や意見の表明にもみられること、③昭和五八年大法廷判決は、最大較差一対三・九四が違憲状態に達していると判断しつつも、昭和五〇年法改正で最大較差が一対二・九二に縮小したことによって違憲状態が一応解消されたと指摘したことから、最高裁が最大較差一対三を基準に違憲・合憲を判断していることが、自民党案の作成から法案の成立までの立法過程に影響を与えたこと、④昭和五八年大法廷判決が、なお書きで、定数配分規定は「できる限り速やかに改正されることが強く望まれる」と述べていることは、本判決を「違憲警告」判決として国会や内閣に理解させたこと、⑤昭和六〇年大法廷違憲判決の寺田長官ら四人の裁判官の補足意見が、選挙を無効にする場合にその効果を一定期間経過後に発生させるという、いわゆる将来効判決の可能性を示唆したことにより、国会や内閣に対して待ったなしの対応を迫るものであったこと、などが指摘されている。このような昭和六一年法改正の立法過程を見ると、最高裁判決をふまえた国会の対応があり、それは最高裁と国会との対話と評価できる。

また、先の(2)で示したように、中選挙区制の下での一連の最高裁判決と国会による累次の対応は、継続的な対話と評価できる。この継続的対話において国会は、最大較差を一対三未満とする努力を続けてきた。これは最高裁が累次の判決において、最大三倍までの較差を合憲とする判断を重ねてきたためと考えられる。そうであれば、国会は最高裁からの一対三というメッセージを受け取り、違憲状態を解消するため必要最小限の法改正を繰り返してきたと評価できる。

⑽　まとめ

これまでの分析により、①最高裁の違憲判決⇩国会の法改正⇩改正された法律の違憲審査⇩更なる法改正という継続的な対話が実際に行われていること、②国会は最高裁の多数意見が示す違憲判決または違憲状態判決には対応すること、③国会は最高裁の多数意見が示唆する較差三倍という基準を超えないよう対応してきたこと、④国会は違憲状態を解消するために必要最小限の対応はするが、それ以上の対応には消極的であること、が明らかとなった。

多数意見の特徴としては、(a)事情判決の手法は、間接的ではあるが、「当該法律は違憲であり国会は直ちに当該法律を改正すべきである」という強いメッセージ性を有する「警告的な判決」であること、(b)なお書きによる法改正の要請は、直接的に法改正を要請するかなり強い違憲警告的な判決であること、(c)国会に対する法改正の要請は、最初は間接的で、次に直接的なものになる傾向があること、(d)最高裁の違憲状態判決または違憲判決に対する国会の対応の具体的内容を合憲判断に結び付ける傾向があること、などを指摘することができる。

補足意見には、(e)最高裁と国会の対話の初期段階では、最高裁は国会に対し法改正を直接的に要請しつつも、事情判決の手法により選挙を無効とすることなく国会へのインパクトをできるだけ少なくするよう努めるが、その後国会が何も対応しなかった場合、最高裁はより強く国会の対応を求め、かつ、国会へのインパクトがより強い将来効判決を将来用いる可能性を示唆し、そのことによってさらに強く国会の迅速な対応を求めるという、対話の過程に即した最高裁の対応があり得ることを示すものがある。

反対意見には、(f)将来、選挙無効判決を出す可能性を示唆し、国会の対応を強く迫るものが多いが、(g)合理的期間の経過を判断する際、また、違憲判決の効力を決定する際に、最高裁の違憲状態判決または違憲判決に対する国会の具体的対応を考慮するもの、(h)国会は投票価値の平等の実現を他の問題に優先して解決すべきであることを指摘するものなどがある。

2 小選挙区制の下での継続的な対話

(1) 小選挙区制

平成六年に衆議院議員選挙の仕組みが大幅に改正された。この改正は、従前の一つの選挙区に複数の議員定数が割り当てられる中選挙区制にさまざまな欠陥があったとの認識に基づき、政策本位、政党本位の選挙制度の実現を図るため小選挙区比例代表並立制を導入するものであった。一つの選挙区に一人の議員定数が割り当てられる小選挙区制の導入は、従来課題とされてきた較差の是正が容易になることを一つの理由として行われたものであり、第八次選挙制度審議会の答申においては、較差を二倍未満とすることを基本原則とする考え方が示され、これに基づいて較差が二倍未満となる都道府県別の議員定数配分案も作成された。ところが、その後、従来より定数が削減されることになる地方の議員などから異論が出て、結局、区割りの基準を定める衆議院議員選挙区画定審議会設置法（以下「区画審設置法」）三条の規定は、一項に較差二倍未満を基本として区割り案を策定すべきことが定められるとともに、二項に各都道府県にまず定数一を配分した上で残る定数のみを人口比例で配分するいわゆる一人別枠方式が定められることになり、これに基づいて策定された公職選挙法の区割規定は、当初から較差が二倍を超えるものとなった。

区画審設置法によれば、衆議院議員選挙区画定審議会（以下「区画審」）は、衆議院小選挙区選出議員の選挙区の改定に関し、調査審議し、必要があると認めるときは、その改定案を作成して内閣総理大臣に勧告するものとされている（二条）。この勧告は、一〇年ごとに行われる国勢調査の結果による人口が最初に官報で公示された日から一年以内に行うものとされ（四条一項）、さらに、区画審は、各選挙区の人口の著しい不均衡その他特別の事情があると認めるときは、右勧告を行うことができるものとされている（同条二項）。

小選挙区制の下でも、平成六年法改正⇩平成一一年の合憲判決⇩平成一四年法改正⇩平成一九年の合憲判決⇩平成二三年の違憲状態・結論合憲判決⇩平成二四年法改正⇩選挙無効訴訟の提起というように、最高裁と国会との継続的な対話が行われている。

(2) 平成一一年大法廷判決（最大判平成一一年一一月一〇日民集五三巻八号一四四一頁）

本件では、平成六年の公職選挙法の改正後にはじめて行われた平成八年一〇月二〇日の衆議院議員選挙について、最大較差が一対二・三〇九であったことの合憲性が争点の一つとなった。

① **多数意見（合憲判断）**

多数意見は、①区画審設置法三条二項が定める一人別枠方式は、「相対的に人口の少ない県に定数を多めに配分し、人口の少ない県に居住する国民の意見をも十分に国政に反映させることができるようにすることを目的とするもの」であるが、他方で、同条一項は、「選挙区間の人口較差が二倍未満になるように区割りをすることを基本とすべきことを基準として定めているのであり、投票価値の平等にも十分な配慮をしていると認め」られ、②選挙区割りを決定する際、投票価値の平等が「最も重要かつ基本的な基準」であるが、「都道府県は選挙区割りをするに際して無視することができない基礎的な要素の一つであり、人口密度や地理的状況等のほか、人口の都市集中化及びこれに伴う人口流出地域の過疎化の現象等にどのような配慮をし、選挙区割りや議員定数の配分にこれらをどのように反映させるかという点も、国会において考慮することができる要素」であり、③「これらの要素を総合的に考慮して同条一項、二項のとおり区割りの基準を定めたことが投票価値の平等との関係において国会の裁量の範囲を逸脱するということはできない。」と判示し、最大較差が二・三〇九倍であったことは、「抜本的改正の当初から同条一項が基本とすべきものとしている二倍未満の人口較差を超えることとなる区割りが行われたことの当否については議論があり得る」が、本件区割規定が憲法一四条一項、一五条一項、四三条一項などに違反するとは認められないと結論づけた。

② **反対意見**（**違憲判決**）

河合裁判官ら四人の反対意見は、本件区割り規定は憲法に違反するが、本件については、事情判決の手法に従うと説示する。福田裁判官の反対意見は、「平等原則を忠実に遵守した選挙区割りを行う中心的責任は、もとより国会自身にある」ことを強調し、本件選挙には違憲の瑕疵があるが、事情判決の手法により処理すると説示する。国会の責任を強調する点、対話理論に親和的である。

その後、最三小判平成一三年一二月一八日（民集五五巻七号一六四七頁）の多数意見は、平成一二年六月二五日施行の衆議院議員選挙における最大較差一対二・四七一を合憲と判断した。

(3)　平成一九年大法廷判決（最大判平成一九年六月一三日民集六一巻四号一六一七頁）

① **平成一四年法改正**

区画審は、平成一二年一〇月に実施された国勢調査の結果に基づき、小選挙区選挙の選挙区割りの改定案を作成して内閣総理大臣に勧告し、これを受けて、その勧告どおり選挙区割りの改定を行うことなどを内容とする公職選挙法の一部を改正する法律が平成一四年に成立した。

本件では、平成一四年に改定された選挙区割規定の下、平成一七年九月一一日の本件衆議院議員選挙当時における選挙区間の選挙人数の最大較差が一対二・一七一であったことの合憲性が主な争点となった。

② 多数意見（合憲判断）

多数意見は、平成一一年大法廷判決と同旨の合憲判断を示した。

③ 意見（合憲判断）

藤田裁判官の意見は、一人別枠方式の合憲性には「重大な疑問」があることを指摘し、国会に対し一人別枠方式の合理性・存置必要性につき、絶えず再検討を行うことを要請する。これは、当該規定の違憲の疑いをかなり強く示し、かつ、国会の対応を比較的強く求めるものといえよう。特に、違憲の疑いに対する衆議院ないし国会からの「具体的かつ十分な説明」が、「同制度の導入時にもまたそれ以後においても」なされてはいないことを強調する点は、違憲の疑いに対し国会がその正当性を絶えず説明する責務があることを示唆する。これは、選挙制度の合憲性に関する、最高裁と国会との継続的な対話を要請しているものと理解できよう。また、藤田意見は、今回の選挙についていては、合憲説に与するが、「このことは、決して、『一人別枠方式』そのものに内蔵される憲法上の疑念が払拭されたことを意味するものではない。これは、前掲平成一一年各大法廷判決及び平成一三年第三小法廷判決において、共に、その違憲を強調する反対意見が付されていたことに鑑みても明らかである。」と述べ、最高裁から国会へのメッセージは多数意見にのみ含まれるのではなく、反対意見をも含めたすべての意見から読み取る必要性があることを示している。

④ **反対意見（違憲判断）**

横尾裁判官の反対意見、泉裁判官の反対意見は、本件区割り規定は違憲であるが、事情判決の手法を採用すべきとする。

⑤ **四裁判官の見解（合憲判断）**

藤田裁判官ら四裁判官の見解は、本件区割規定を違憲と判断できないとの多数意見と結論は同じであるが、その理由は多数意見と異なる。この見解は、「本件区割規定は、その内容において、憲法の趣旨に沿うものとはいい難い。」と断じつつも、「もっとも、最高裁判所大法廷は、平成一一年一一月一〇日の判決において一人別枠方式に基づく当時の選挙区割りを合憲とし、平成一三年一二月一八日の第三小法廷判決もこれを踏襲した。国会はこれらの判決を前提として行動し、本件選挙もこれに基づいて行われているのであって、本件選挙当時まで一人別枠方式を是正することなく放置した国会の不作為をもって、許される裁量の枠を超えたものと評価することは困難である。このことを考えると、本件選挙当時における本件区割規定を違憲とし、これに基づく本件選挙を直ちに違憲違法であると断定することにはなお躊躇を覚える。／しかし、……本件区割規定は、その内容において、本来憲法の趣旨に沿うものとはいい難いのであり、是正を要するものというべきである。」と説示する。この見解は、当該区割規定の違憲性を強く示しつつ、法改正を直接的に強く要請している。また、過去の最高裁の合憲判決を前提として国会が行動したことを理由に違憲と判断することに躊躇する。ここにも、最高裁と国会との対話の内容を考慮する判断手法がみられる。

(4) 平成二三年大法廷判決（最大判平成二三年三月二三日民集六五巻二号七五五頁）

本件では、平成二一年八月三〇日の本件衆議院議員選挙当時における選挙区間の選挙人数の最大較差が一対二・三〇四であったことの合憲性が問題となった。

① **多数意見（違憲状態・結論合憲）**

多数意見は、①議員は、全国民を代表して国政に関与することが要請されているのであり、相対的に人口の少ない地域に対する配慮はそのような活動の中で全国的な視野から法律の制定などに当たって考慮されるべき事柄であって、地域性に係る問題のために、殊更にある地域の選挙人と他の地域の選挙人との間に投票価値の不平等を生じさせるだけの合理性があるとはいい難い、②一人別枠方式は、新しい選挙制度を導入するに当たり、人口の少ない県における定数が急激かつ大幅に削減されることを緩和し、国政における安定性、連続性の確保を図る必要があり、何よりもこの点への配慮なくしては選挙制度の改革の実現自体が困難であった状況の下で採られた方策である、③一人別枠方式は、おのずからその合理性に時間的な限界があるものというべきであり、新しい選挙制度が定着し、安定した運用がされるようになった段階においては、その合理性は失われる、④前回の平成一七年総選挙の時点においては一人別枠方式を維持し続けることにある程度の合理性があったが、「本件区割基準のうち一人別枠方式に係る部分は、遅くとも本件選挙時においては、その立法時の合理性が失われ」、「それ自体、憲法の投票価値の平等の要求に反する状態に至っていた」、また、本件選挙区割も「本件選挙時において、憲法の投票価値の平等の要求に反する状態に至っていた」、と判示した。

しかし多数意見は、平成一九年大法廷判決において、平成一七年の総選挙の時点における一人別枠方式を含む本件区割基準及び本件選挙区割りについて、いずれも違憲状態に至っていない旨の判断が示されていたことなどを考慮すると、本件選挙までの間に本件区割基準中の一人別枠方式の廃止及びこれを前提とする本件区割規定の是正がされなかったことをもって、憲法上要求される合理的期間内に是正がされなかったものということはできない、と説示し、「本件区割基準規定及び本件区割規定が憲法一四条一項等の憲法の規定に違反するものということはできない」と結論づけた。

それに続けて多数意見は、「衆議院は、その権能、議員の任期及び解散制度の存在等に鑑み、常に的確に国民の意思を反映するものであることが求められており、選挙における投票価値の平等についてもより厳格な要請があるものといわなければならない。したがって、事柄の性質上必要とされる是正のための合理的期間内に、できるだけ速やかに本件区割基準中の一人別枠方式を廃止し、区画審設置法三条一項の趣旨に沿って本件区割規定を改正するなど、投票価値の平等の要請にかなう立法的措置を講ずる必要があるところである。」と説示する。これは、多数意見が、なお書きではなく、主要な判決理由の一つとして、国会に対し、直接的に、一定の期間を設定して、立法内容に関し一定の方向性を示しつつ、迅速な対応を求めたものである。

② **補足意見（多数意見に同意）**

竹内裁判官の補足意見は、「我が国の憲法が定める統治機構のあるべき姿を考えた場合、国会の第一院たる衆議院が果たすべき機能、衆議院において国民の意思が政策決定に直接反映されることの必要性、国民の投票価値の平等についての要求の高まり等々を考えれば、第一院たる衆議院の議員を選出する選挙について選挙区間の投票価値の最大較差が二倍を超えている状態に満足し、漫然とこれを常態化させることが許されることはなく、本来、当審による指摘を待つまでもなく、立法府において投票価値の平等の実現に向けた絶えざる努力が求められていることが忘れられてはならない。」と述べ、国民の投票価値の平等についての要求の高まりを、投票価値の平等の実現をより厳格に求める根拠の一つとしてとらえ、国会が投票価値の平等の実現に向けた絶えざる努力をすべきことを強調する。ここには、国会には継続的な対応が求められるとともに、国民の平等の要求に応じて国会に要請される対応レベルが少しずつ高くなる可能性も示唆されている。

③ **反対意見（違憲判断）**

本判決には違憲判断を示す二人の裁判官の反対意見が付されている。田原裁判官の反対意見は、平成一九年大法廷判決における田原裁判官ら四裁判官の見解において違憲判断をすることに躊躇したが、「本件では一歩進めて、国会の立法不作為は違憲性を否定し得ないとの意見を述べるに至っている」理由として、①「国会は、国権の最高機関として、また、唯一の立法機関として、……その立法に当たっては、憲法適合性について十全な配慮をなすとともに、立法を制定した後においても、常に立法目的の達成状況を点検し、その目的を達成した後に当該立法を存置することの必要性や存置した場合の憲法適合性の有無等についての検討を加えるとともに、立法制定後の状況の変化を注視し、当該法規の憲法適合性について疑問が生じ、あるいは国会以外のところから疑問が投げ掛けられるに至ったときには、国会自らがその自律的権能を行使して、その憲法適合性を検討すべき責務を負っている」こと、②平成一一年大法廷判決において、「一人別枠方式が憲法に違反するものであるとして五人の裁判官が詳細な反対意見を述べているが、そこでは、違憲論に加えて、過疎地対策としての実効性への疑問や、……その合理性に疑問を抱かせる事実が指摘されていた」こと、③平成一九年大法廷判決における「四裁判官の見解」において、「一人別枠方式が違憲である由縁について改めて指摘するとともに、一人別枠方式は過疎地域への配慮という意味においても合理性を欠き、また、激変緩和措置としての必要性は失っている旨を指摘し、他に一人の裁判官も詳細な理由を付して一人別枠方式の違憲性を指摘している」こと、④「激変緩和措置としての意味合いは、制度改正から一〇年も経てば意味をなさない」こと、⑤「国権の最高機関たる国会としては、上記各大法廷判決の少数意見にて指摘された点をも含めて、すべからく一人別枠方式の果たしている意義の検証を含め、一人別枠方式それ自体の見直しに着手してしかるべきであった」が、「国会は、前掲平成一九年六月一三日大法廷判決の後においても、本件区割規定の不合理性をもたらしている最大の原因たる一人別枠方式の意義についての検証作業すら開始するに至っていないのであって、立法機関としてその怠慢は責められてしかるべきである」ことをあげ、「以上のような状況からすれば、平成一七年総選挙におけるのとは異なり、本件選挙までに一人別枠方式の再検討の着手にすら至っていない国会の立法不作為は憲法上要求される合理的是正期間を徒過したものといわざるを得ず、したがって、一人別枠方式に基づいて定められている本件区割規定は違憲であるといわざるを得ない」と結論づけ、「本件訴訟においては、無効との結論を留保し、事情判決の法理を適用して、選挙の違法を宣言するにとどめる」と説示する。

ここからは、(a)国会は、法律の制定時のみならず、その後においても当該法律の合憲性について継続的に検討する責務を負うこと、(b)当該法律の合憲性に対し最高裁の反対意見などから疑問を投げかけられた場合、国会自らがその自律的権能を行使して、その憲法適合性を検討すべき責務を負うこと、(c)最高裁から国会へのメッセージは、単に多数意見の結論のみならず、反対意見を含めた最高裁の意見全体に込められていること、(d)最高裁から国会への要請の仕方として、はじめは、違憲判断を避け、国会の自律的対応を尊重する方法も許されるが、その後国会が適切な措置を取らない場合は、最高裁の対処方法もより厳しいものとなり違憲判断も許される、といった点を読み取ることができよう。右の(b)は、最高裁の反対意見により対話への誘いを受けた場合、国会が適切に対応すべき責務を負うことを示している。

宮川裁判官の反対意見は、本件では事情判決的処理をすべきとするが、「今後、国会が速やかに一人別枠方式を廃止し、選挙権の平等にかなう立法的措置を講じない場合には、将来提起された選挙無効請求事件において、当該選挙区の結果について無効とすることがあり得ることを付言すべきである。」と述べる。

(5)　その後の対応

平成二三年大法廷判決により最高裁から要請された法改正は、与野党対立の下、その具体的検討は進まなかった。違憲状態を解消するため、一人別枠方式を廃止し、○増五減などを行う法律案は衆議院解散の駆け引きに使われ、平成二四年一一月一六日当該法律案は成立したが、その日に衆議院は解散した。しかし、小選挙区の線引きを見直す区割り作業は間に合わず、平成二四年一二月一六日の衆議院議員選挙は、従前の区割りに基づいて行われた。そのため、当該選挙当時における選挙区間の選挙人数の最大較差は一対二・四二五であった。

新聞報道によると、当時の与党閣僚は法案が成立していれば、新しい区割りによる選挙ができなくても「是正に向けた立法努力とみなされ較差は容認される」との認識を示し、国会最終日に「○増五減」の法案が成立することで、「最高裁は立法府の努力を評価し、無効判決は回避されるのではないか」（政府筋）との声もあった。

当該選挙の後、弁護士グループは、この選挙は無効だとする一六件の訴訟を全国に一四あるすべての高裁やその支部に提起した。平成二五年三月二七日、一六件の訴訟の高裁判決がすべて出そろった。その内訳は、違憲・無効判決が一件、違憲・無効＋将来効判決が一件、違憲だが選挙を無効としない判決が一二件、違憲状態・結論合憲判決が二件であった。最高裁の判断が待たれる。このように、最高裁と国会との対話は継続している。

(6)　まとめ

小選挙区制の下でも、最高裁と国会との継続的な対話が行われている。しかし、平成二五年三月末現在、国会は、平成二三年の違憲状態判決を受け、必要最小限の対応しかしていないため、そこでは、最低限度の対話しか成立していないと評価できる。

多数意見には、①結論は合憲判断であるが、違憲状態判断を示しつつ、国会に対し、直接的に、一定の期間を設定して、立法内容に関し一定の方向性を示しつつ、迅速な対応を求めるものがある。

意見には、②最高裁から国会へのメッセージは多数意見のみならず、反対意見を含めたすべての意見全体から読み取る必要性があることを示しているものがある。

四裁判官の見解は、③当該区割規定の違憲性を強く示して法改正を直接的に強く要請し、④過去の最高裁の合憲判決を前提として国会が行動したことを理由に違憲と判断することに躊躇する。

反対意見には、⑤(a)国会は、法律の制定時のみならず、その後においても当該法律の合憲性について継続的に検討する責務を負うこと、(b)当該法律の合憲性に対し最高裁の反対意見などから疑問を投げかけられた場合、国会自らがその自律的権能を行使して、その憲法適合性を検討すべき責務を負うこと、(c)最高裁から国会へのメッセージは、単に多数意見の結論のみならず、反対意見を含めた最高裁の意見全体に込められていること、(d)最高裁から国会への要請の仕方として、はじめは、違憲判断を避け、国会の自律的対応を尊重する方法も許されるが、その後国会が適切な措置を取らない場合は、最高裁の対処方法もより厳しいものとなり違憲判断も許されることを示すものがある。

第四章　参議院の議員定数不均衡に関する対話

1　選挙制度の概要

昭和二二年に制定された参議院議員選挙法は、参議院議員の選挙について、参議院議員二五〇人を全国選出議員一〇〇人と地方選出議員一五〇人とに区分し、全国選出議員は全都道府県の区域を通じて選出されるものとし、地方選出議員は、選挙区および各選挙区の議員定数を別表で定め、都道府県を単位とする選挙区において選出されるものとした。そして、各選挙区の議員定数については、定数を偶数としてその最小限を二人とする方針の下に、昭和二一年当時の人口に基づき、各選挙区の人口に比例する形で、二人ないし八人の偶数の議員定数を配分した。

昭和二五年に制定された公職選挙法の参議院議員定数配分規定は、右のような参議院議員選挙法の議員定数配分規定をそのまま引き継いだものであり、その後、沖縄返還に伴って沖縄県選挙区の議員定数二人が付加されたほかは、平成六年の公職選挙法改正まで、議員定数配分規定に変更はなかった。なお、昭和五七年の公職選挙法改正により、従来の個人本位の選挙制度から政党本位の選挙制度に改める趣旨で、参議院議員選挙に拘束名簿式比例代表制が導入され、各政党などの得票に比例して選出される比例代表選出議員一〇〇人と都道府県を単位とする選挙区ごとに選出される選挙区選出議員一五二人とに区分されたが、比例代表選出議員は、全都道府県を通じて選出されるため各選挙人の投票価値に差異がない点においては従来の全国選出議員と同様であり、選挙区選出議員は従来の地方選出議員の名称が変更されたものである。

2　判例の流れと継続的な対話

(1)　判例の流れ

参議院の議員定数不均衡に関する判例は二つの時期に分けられる。第一期の判例は、憲法一四条、四四条などは議員定数を選挙人数に比例して配分することまで積極的には命じていないとして、投票価値の平等を憲法上の要求とは理解していない。例えば、最大判昭和三九年二月五日（民集一八巻二号二七〇頁）は、最大較差一対四・〇八八を未だ憲法一四条一項に違反するものとはいえないと判示し、また、最一小判昭和四九年四月二五日（集民一一一号四一一頁）は、最大較差一対五・〇八を未だ違憲とすることはできないとしていた。

それに対し、第二期は昭和五八年大法廷判決以降の判例で、投票価値の平等を憲法上の要求と位置づける。そして、最高裁は、平成二四年大法廷判決以前の累次の判決において、参議院議員の選挙区選挙においては最大六倍までの較差を合憲とする判断を重ねてきた。

(2) 継続的な対話

参議院の議員定数不均衡に関しても、最高裁の違憲状態判決や法改正の間接的または直接的な要請を受け、国会が法改正を行い、それが繰り返されるという継続的な対話がみられる。以下では継続的な対話の流れを大まかに示し、そのイメージを得ることとする。

昭和二二年の参議院議員選挙法制定当時、最大較差は一対二・六二であったが、その後次第に拡大した。昭和五二年の参議院議員選挙当時の最大較差一対五・二六に関し、昭和五八年大法廷判決はいまだ違憲状態とするには足りない旨判示したが、平成四年の参議院議員選挙当時の最大較差一対六・五九に関し、平成八年大法廷判決は、違憲状態・結論合憲判決を下した。

公職選挙法の平成六年改正の結果、最大較差は一対四・八一に縮小し、逆転現象は消滅した。その後、平成七年と同一〇年の参議院議員選挙当時の最大較差はそれぞれ一対四・九七と一対四・九八であったが、平成一〇年大法廷判決と平成一二年大法廷判決はそれぞれ憲法に違反するに至っていたとはいえない旨判示した。

公職選挙法の平成一二年改正の結果、逆転現象は消滅したが、最大較差は平成一二年改正前と変わらず一対四・七九であった。その後、平成一三年の参議院議員選挙当時の最大較差一対五・〇六に関し、平成一六年大法廷判決は、結論は合憲であったが、同判決には、違憲判断をした六人の裁判官による反対意見のほか、漫然と同様の状況が維持されるならば違憲判断がされる余地がある旨を指摘する四人の裁判官による補足意見2が付された。また、平成一六年の参議院議員選挙当時の最大較差一対五・一三に関し、平成一八年大法廷判決も、結論は合憲であったが、投票価値の不平等の是正については国会における不断の努力が望まれる旨の指摘がされた。

平成一六年大法廷判決を受け、参議院は協議を行い、平成一六年七月の参議院議員選挙後、当面の是正策として、公職選挙法の平成一八年改正を行い、その結果、最大較差は一対四・八四に縮小した。その後、平成一九年の参議院議員選挙当時の最大較差一対四・八六に関し、平成二一年大法廷判決は、結論は合憲であったが、当該較差は投票価値の平等という観点からはなお大きな不平等が存する状態であって、最大較差の大幅な縮小を図るためには現行の選挙制度の仕組み自体の見直しが必要となる旨の指摘がされた。

平成二〇年一二月から参議院での協議が行われたが、平成二二年七月の参議院議員選挙に向けた較差の是正は見送られる一方、平成二五年の参議院議員選挙に向けて選挙制度の見直しを行うこととされた。

平成二二年七月の参議院議員選挙当時の最大較差一対五・〇〇に関し、平成二四年大法廷判決は、違憲状態・結論合憲判断を示したが、現行の選挙制度の仕組み自体の見直しを内容とする立法的措置を講じ、できるだけ速やかに違憲の問題が生ずる不平等状態を解消する必要があると指摘した。

この平成二四年大法廷判決後に平成二四年法改正が行われたが、一対四・七五の最大較差が残った。以下では、昭和五八年大法廷判決以降の主要な判例を概観する。その際、判例に示された理由などのうち、対話に関連する部分を中心に紹介する。

3　昭和五八年大法廷判決（最大判昭和五八年四月二七日民集三七巻三号三四五頁）

本件では、昭和五二年七月一〇日施行の本件参議院議員選挙当時、選挙区間の議員一人当たりの選挙人数の最大較差は一対五・二六で、いわゆる逆転現象もみられ、その合憲性が争点となった。

⑴　多数意見（合憲判断）

多数意見は、衆議院の議員定数不均衡に関する昭和五一年大法廷判決の判断枠組みをほぼ踏襲し、①選挙権の平等の原則は各選挙人の投票価値の平等をも要求する、②参議院の選挙制度の仕組みの下では、投票価値の平等の要求は、人口比例主義を基本とする選挙制度の場合と比較して一定の譲歩、後退を免れず、本件参議院議員定数配分規定は、その制定当初の人口状態のものにおいては、憲法に適合したものであつた、③選挙区間における議員一人当たりの選挙人数の較差が拡大するなどしても、「その一事では直ちに憲法違反の問題が生ずるものではなく、その人口の異動が当該選挙制度の仕組みの下において投票価値の平等の有すべき重要性に照らして到底看過することができないと認められる程度の投票価値の著しい不平等状態を生じさせ、かつ、それが相当期間継続して、このような不平等状態を是正するなんらの措置を講じないことが、前記のような複雑かつ高度に政策的な考慮と判断の上に立って行使されるべき国会の裁量的権限に係るものであることを考慮しても、その許される限界を超えると判断される場合に、初めて議員定数の配分の定めが憲法に違反するに至るものと解するのが相当である。」、④本件選挙当時の最大較差や、逆転現象が一部の選挙区においてみられたことは、いまだ違憲状態が生じていたとするには足らない、と合憲判断を示した。

(2)　反対意見（違憲判断）

団藤裁判官の反対意見は、本件選挙当時において本件議員定数配分規定は全体として違憲の状態にあり、本件においては事情判決の手法を採用すると述べる。

4　その後の合憲判決

最一小判昭和六一年三月二七日（判時一一九五号六六頁）の多数意見は、最大較差一対五・三七を、いまだ憲法に違反するに至っていたものとすることはできないと合憲判断を示した。

また、最一小判昭和六二年九月二四日（判時一二七三号三五頁）は、全員一致の判決で、最大較差が一対五・五六に拡大し、逆転現象も一部の選挙区の間に生じていても、「それだけではいまだ違憲の問題が生ずる程度の著しい不平等状態が生じていたとするに足りない」と合憲判決を下した。

さらに、最二小判昭和六三年一〇月二一日（判時一三二一号一二三頁）の多数意見は、最大較差一対五・八五を合憲と判断した。しかし、奥野裁判官の反対意見は、「選挙区間の投票価値の較差は、いかに非人口的要素を考慮しても、最大一対五程度を限度とすべきである。」と説示し、本件議員定数配分規定は、本件選挙当時、憲法の投票価値の平等の要求に反し違憲と断ぜられるべきもので、本件については、事情判決の法理を適用すると説示する。

5　平成八年大法廷判決（最大判平成八年九月一一日民集五〇巻八号二二八三頁）

本件では、平成四年七月二六日の本件参議院議員選挙当時、選挙区間における議員一人当たりの選挙人数の最大較差が一対六・五九に達し、その合憲性が問題となった。

(1)　多数意見（違憲状態・結論合憲）

多数意見は、①本件選挙当時、最大較差は一対六・五九に達しており、違憲の問題が生ずる程度の投票価値の著しい不平等状態が生じていたものといわざるを得ないが、②右較差が右の程度に達した時から本件選挙までの間に国会が本件議員定数配分規定を是正する措置を講じなかったことをもってその立法裁量権の限界を超えるものと断定することはできず、③本件議員定数配分規定は、本件選挙当時、憲法一四条一項に違反するに至っていたものと断ずることはできない、と判示した。

右①の違憲状態判決は、国会に対して法改正を要請する間接的なメッセージといえる。また、右②の判断では、投票価値の不平等の程度が到底看過することができないと認められる程度に至ってから六年未満であることに加えて、これまで最高裁が違憲の問題が生ずる程度の不平等状態にあると示したことがなかったことがかなり重要な考慮要素とされていると考えられる。そうであれば、最高裁の多数意見が過去に国会に対し、違憲の疑いに関するメッセージを伝えていなかったことが、違憲判断をためらわせる要因となっている。これは最高裁と国会との過去の対話内容をふまえて、違憲判断を躊躇したものである。

(2)　意見（多数意見の結論に同意）

園部裁判官の意見は、定数訴訟の「主たる目的は、係争の議員定数配分規定の違憲性について、将来に向かって警告的判断を下し、国会が自主的に違憲状態にある議員定数配分規定を改正して、較差の速やかな是正を図るよう促すこと」であり、「裁判所は、当該選挙に適用された議員定数配分規定の全体について合憲性の有無を客観的に判断するにとどめ、違憲と判断される場合でも、その無効を宣言しないこととするのが妥当である」と述べる。ここには、最高裁の違憲判断の後の国会の対応という対話が構想され、また、その対話には、違憲無効判決ではなく、違憲性に関する将来に向かっての警告的判断が有効であるとの見解が示されている。さらに、園部意見は、平成六年の法改正により違憲状態が回避された場合でも、「将来にわたる一定の指針を示す」必要があれば、違憲の警告的判断を出す実益があることを認める。ここからは、最高裁と国会との対話には、現実の違憲状態のみならず、将来の違憲状態を回避するための対話も認められるとの視点がある。

(3)　反対意見（違憲判断）

大野裁判官ら六人の反対意見は、本件議員定数配分規定は本件選挙当時において違憲とされるべきものであるが、いわゆる事情判決の法理による処理が相当であるとする。

本判決では、個別意見を含めて一五人の裁判官全員が本件選挙当時、一対六・五九の最大較差を違憲状態と判断した。これは、多数意見の結論が合憲であったとしても、非常に強い違憲性の指摘であり、国会に対し法改正を要請する間接的ではあるが強いメッセージといえる。

しかし、本件選挙後の平成六年法改正により、最大較差は一対四・八一に縮小し、逆転現象は消滅したため、最高裁の強いメッセージに対する国会の具体的な対応はみられなかった。

6　平成一〇年大法廷判決（最大判平成一〇年九月二日民集五二巻六号一三七三頁）

(1)　平成六年法改正

平成六年の公職選挙法改正（以下「本件改正」）は、平成四年七月の参議院議員選挙当時一対六・五九にまで拡大していた最大較差を是正する目的で行われ、選挙制度の仕組みに変更を加えることなく、直近の平成二年一〇月実施の国勢調査結果に基づき、できる限り増減の対象となる選挙区を少なくし、かつ、逆転現象を解消することとして、参議院議員の総定数（二五二人）および選挙区選出議員の定数（一五二人）を増減しないまま、七選挙区で定数を八増八減（改選議員定数を四増四減）したもので、その結果、平成二年の国勢調査結果による人口に基づく最大較差は一対六・四八から一対四・八一に縮小し、逆転現象は消滅した。その後、本件改正後の議員定数配分規定の下での人口を基準とする右較差は、平成七年一〇月実施の国勢調査結果によれば最大一対四・七九に縮小し、また、選挙人数を基準とする右較差も、本件改正当時における最大一対四・九九から平成七年七月二三日の本件選挙当時における最大一対四・九七に縮小した。

本件は平成七年七月二三日の本件参議院議員選挙に関する定数訴訟であるが、平成六年改正時点における最大較差の合憲性が主な争点となった。

(2)　多数意見（合憲判断）

多数意見は、本件改正後の投票価値の不平等は、「到底看過することができないと認められる程度に達しているとはいえず」、本件選挙当時において本件議員定数配分規定が憲法に違反するに至っていたものとすることはできない、と判示した。

(3)　反対意見（違憲判断）

本判決には、本件議員定数配分規定は憲法に違反するとする五人の裁判官の反対意見が付されている。尾崎・福田裁判官の追加反対意見は、「平成八年大法廷判決に至るまでの過程で、当裁判所がいまだ違憲の問題が生ずる程度に達していないとしたのは、国会の国権の最高機関としての責任感と自己矯正能力に期待し、司法権の行使を謙抑した結果にすぎず、決して従前の高い最大較差をすすんで容認する趣旨ではなかったのであり、平成八年大法廷判決は、あまりに長く国会の不作為が継続したので、やむなく改正する必要を示すため違憲状態であるとの判断をせざるを得なかったものと解せられる。」と説示する。ここには、対話の初期段階で、国会の独自の対応に期待できる場合、最高裁は謙抑的であることが許されるが、その後、国会の自主的対応に期待できなくなった段階では、最高裁はより厳しい判断を示し、国会の法改正を強く促すことが要請されることが示されている。これは、最高裁と国会との対話の過程において、国会の対応次第で、最高裁が示すべき判断内容が変化しうることを示している。このような考えは、①司法消極主義から司法積極主義への変化を対話過程における国会の対応の仕方で説明するものであり、②最高裁の判決内容が特定の立法を要請するようなものであったとしても、対話過程の内容に応じて許される場合があることを示唆し、③三権の適正なバランスの具体的内容は対話過程の内実で変化しうることをも示唆している。

7 平成一二年大法廷判決（最大判平成一二年九月六日民集五四巻七号一九九七頁）

本件では、平成一〇年七月一二日に施行された本件参議院議員選挙当時の選挙人数を基準とする最大較差一対四・九八の合憲性が主な争点となった。

(1)　多数意見（合憲判断）

多数意見は、本件議員定数配分規定は、本件選挙当時において、憲法に違反するに至っていたものとすることはできないと判示した。

(2)　反対意見（違憲判断）

それに対し、五人の裁判官の反対意見は、本件選挙には、憲法に違反する議員定数配分規定に基づいて施行された瑕疵があるが、事情判決の法理による処理が相当であると説示する。

福田裁判官の追加反対意見は、「国会は参議院議員選挙における投票価値の平等が損なわれていくのを四七年間も放置し、かつ、その後行った是正の程度も甚だ微温的かつ不十分であり、その背後には違憲立法審査権を持つ司法の長年にわたる極めて寛容な対応があったことも明らかである」と述べ、最高裁の憲法判断の在り方と国会の対応の在り方が密接に関連していることを指摘する。また、福田裁判官は、投票価値の平等の徹底について国会自身が消極的であることは極めて明らかであり、また、議院内閣制の下にある行政はこの問題について乏しい影響力しか持ち得ない中にあって、「最高裁判所が定数訴訟について示す判断のみが国民の投票価値の平等を実現し得るみち」であり、「この問題について国会自身の改革努力に期待できる時期は過ぎたといっても過言」ではなく、「民主主義の基本である投票価値の平等の問題については、司法と立法府が鋭く対立することとなっても、憲法により与えられた違憲立法審査を行う権限を適切に行使し、立法府の『広範な裁量』を認める考えを改めることこそが、現在正に、最高裁判所に求められている」と述べ、投票価値の平等の実現について、政治部門が十分に対応しない場合は、最高裁が違憲審査権を行使して積極的にそれを実現すべきであるとの考えを示す。この点、梶谷裁判官の追加反対意見も同様の考えを示す。ここには、政治部門の対応との相関関係で最高裁の違憲審査権の行使の仕方を決める考え方が示されている。

また梶谷裁判官の追加反対意見は、「現在の制度が採用している各選挙区偶数配分制及び最低二人配分制は、憲法が要求するものではなく、投票価値の平等という憲法上重要な原則が侵害される場合には変更又は廃止されるべき実務上の便宜的な手段にすぎ」ず、「議員定数が奇数の選挙区（奇数区）があったとしても、奇数区の合計を偶数とし全国規模で半数の議員を改選する仕組みを設定し、人口の少ない一部地域においては六年に一回選挙を行うという手段を採ることも可能であるし、都道府県の区域を越えて選挙区割りを変更することや、いくつかの都道府県を合わせて一選挙区とするいわゆるブロック制を採用することも可能である。他方、二人を超える選挙区の定数配分についても、奇数区を定め、又は八人を超える定数配分をすることも当然採られるべき手段である。したがって、国会は、投票価値の平等を実現するため、このような手段を早期に採るべきであった。」と述べ、違憲性を解消するための方法を例示する。

8　平成一六年大法廷判決（最大判平成一六年一月一四日民集五八巻一号五六頁）

(1)　平成一二年法改正

平成一二年の公職選挙法改正（以下「本件改正」）により、比例代表選出議員の選挙制度が非拘束名簿式比例代表制に改められるとともに、参議院議員の総定数が一〇人削減されて二四二人となった。定数削減に当たっては、選挙区選出議員の定数を六人削減して一四六人とし、比例代表選出議員の定数を四人削減して九六人とし、選挙区選出議員の定数削減については、直近の平成七年一〇月実施の国勢調査結果に基づき、平成六年改正後に生じた逆転現象を解消するとともに、選挙区間における議員一人当たりの選挙人数または人口の較差の拡大を防止するために、定数四人の選挙区の中で人口の少ない三選挙区の定数を二人ずつ削減した。その結果、逆転現象は消滅したが、平成七年の国勢調査結果による人口に基づく選挙区間における議員一人当たりの人口の最大較差は一対四・七九で、本件改正前と変わらなかった。

本件では、平成一三年七月二九日施行の本件参議院議員選挙当時、選挙区間の議員一人当たりの選挙人数の最大較差が一対五・〇六であったことの合憲性が問題となった。

(2)　多数意見（合憲判断）

多数意見（一五人中九人）は、「本件改正は、憲法が選挙制度の具体的な仕組みの決定につき国会にゆだねた立法裁量権の限界を超えるものではなく、本件選挙当時において本件定数配分規定が憲法に違反するに至っていたものとすることはできない。」と判示したが、その理由づけは、補足意見1（五人）と補足意見2（四人）に分かれた。

(3)　補足意見1

補足意見1は、従来の判例理論に沿って合憲判断をしたが、結論を導く際、平成一二年法改正は、定数削減に当たり、最高裁の一連の判決を考慮しつつ、逆転現象の解消と較差拡大の防止を図るために行われたものであり、これにより逆転現象が消滅したことも考慮する。これは、国会が一連の最高裁判決を考慮して法改正をしたことを合憲判断を導くための考慮要素とする手法といえる。

島田裁判官の補足意見1の追加補足意見は、「今後も続くであろう人口の大都市集中化により、最大較差が拡大していくのは避けられない傾向にあることを思えば、立法府としては、投票価値の平等の重要性にかんがみ、制度の枠組み自体の改正をも視野に入れた抜本的な検討をしておく必要がある。」と述べ、選挙制度自体の改正のための抜本的検討を直接的に国会に求めた。

(4)　補足意見2

補足意見2は、「立法当初の選挙区間における議員一人当たりの選挙人数の較差からはあまりにもかけ離れた較差を生じている現行の定数配分は、合憲とはいえないのではないかとの疑いが強い」とし、更に、「今回の改正もまた、……問題の根本的解決を目指した作業の中でのぎりぎりの判断に基づくものであったとは、到底評価することができない。したがって、例えば、仮に次回選挙においてもなお、無為の裡に漫然と現在の状況が維持されたままであったとしたならば、立法府の義務に適った裁量権の行使がなされなかったものとして、違憲判断がなさるべき余地は、十分に存在するものといわなければならない。」と説示した。これは、違憲の疑いを強く示し、国会の対応を間接的にではあるが強く求めるものといえる。

亀山裁判官の補足意見2の追加補足意見は、従来の立法府の対応に問題があったことを指摘しつつ、「本件に関しては、従来の当審の判例にも責任の一端があったという側面がないではない。すなわち、従来の多数意見は、立法府に広い裁量権を認めつつ、選挙権平等の要請の充足の有無を結果としての選挙区間の最大較差の数値によってのみ判定していると受け取れるような判断過程を示してきたため、立法府としては、最高裁判例からそのような趣旨で許容限度を読み取って、その数値以下に最大較差を収めれば足りるとしてきたものといえないでもないのであって、そうであるとすれば、最近の改正による現状について直ちにこれを違憲とすることには、この点からもちゅうちょを感じざるを得ない。」と説示する。これは、最高裁が憲法の要請する条件を適切に示せば、最高裁と国会との間に有意義な対話が成立しうることを示唆し、また、過去の最高裁の判断の仕方とそれに対する国会の対応の内容を考慮し、違憲判断を躊躇している。

(5)　反対意見（違憲判断）

六人の裁判官による反対意見は、「本件定数配分規定は、憲法上の選挙権平等の原則に大きく違背し、憲法に違反するものであることが明らかである」とする。福田裁判官の追加反対意見は、今回は事情判決を出すが、「今後は定数配分規定の違憲を理由に、選挙の無効を宣言すべき」とし、国会の対応が不十分であれば、それに対する最高裁の判断の厳しさも増すことを示している。

梶谷裁判官の追加反対意見は、「このような代表制民主主義の根幹を揺るがす不平等を裁判所が合憲として容認することは、司法が、司法権の謙抑的な行使の名目の下に、憲法に定める違憲立法審査権の適切な行使を怠っているというべきである。／よって、本件定数配分規定は違憲であるが、国会による真摯かつ速やかな是正を期待し、今回は事情判決の法理に従い本件選挙を違法と宣言するにとどめ、無効とはしないものとするのが相当である。ただし、本件のような違憲状態が将来も継続するときには、選挙の無効を宣言すべきであると考える。」と結論づける。最後の部分では、国会の対応の仕方により裁判所の判決の厳しさが変化しうることが示されている。また、同追加反対意見は、奇数区の採用、都道府県単位の選挙区の合区や区割りの変更を、違憲性を解消するための方法として例示する。

深澤裁判官の追加反対意見は、「現在の仕組みの中では憲法の定める法の下の平等の許容する最大較差を超えることが技術的に避けられないとするならば、民主政治の根幹をなす選挙権の平等を保持するために、現在の選挙の仕組みにこだわらず、その変更も含む抜本的な検討がされるべきである。都道府県単位の選挙区と偶数配分は、憲法上の要請ではなく、投票価値の平等を損なってまで維持されるべき制度ではない」と述べ、現行制度の変更も含む抜本的な検討を国会に直接的に要請する。また、「投票価値の不平等が、かくも広く長期にわたって改善されない現状は、事情判決を契機として、国会によって較差の解消のための作業が行われるであろうという期待は、百年河清を待つに等しいといえる。したがって、本件において選挙無効の判決をすることが違憲立法審査権の適正な行使であるといわざるを得ないのである。」と説示する。これは、対話の初期段階では、国会の対応に期待して事情判決を下すことが認められるが、国会の対応が長期間不十分なままであれば、最高裁がより厳しい選挙無効判決を出すべきことを指摘し、対話過程における国会の対応に応じて、最高裁の対応もより厳しいものに変化しうるとの視点が示されている。

濱田裁判官の追加反対意見は、本件はいわゆる事情判決の法理に従うが、「今後も上記の違憲状態が是正されないまま参議院議員選挙が繰り返されることを防ぐために、当審としては、諸外国の一部の憲法裁判所制度で採用されているように、違憲状態にある議員定数配分を一定期間内に憲法に適合するように是正することを立法府に求め、そのように是正されない定数配分に基づく将来の選挙を無効とする旨の条件付宣言的判決の可能性も検討すべき」とつけ加える。ここにも、国会の対応が不十分な場合、より厳しい判決内容を考案すべきであるとの姿勢が示されている。

滝井裁判官の追加反対意見は、選挙制度の改正問題について裁量権の限界がある場合、「司法機関は、そのことを明示し、立法における指針を明らかにすべきであって、これを示してこなかったことが立法機関のこのような重要な国民の憲法上の権利にかかわる問題についての緩慢で弥縫的とも解さざるを得ないこれまでの対応を助長する結果になったことは、否定し得ない」と述べ、対話が機能するための条件として、最高裁が法改正の指針をより具体的に示すべきことをあげる。

この判決の結論は合憲ではあるが、多数意見を述べた九人の裁判官のうち四人が、本件定数配分規定に違憲の疑いが強くあり、現状のままでは次回選挙以降違憲となりうる旨の補足意見2を付し、六人の裁判官が違憲判断の反対意見を述べている。このように、本判決には、参議院議員選挙における定数是正に向けた早期取組みを国会に求める強いメッセージが込められている。

9　平成一八年大法廷判決（最大判平成一八年一〇月四日民集六〇巻八号二六九六頁）

本件では、平成一六年七月一一日に施行された本件参議院議員選挙における選挙区間の議員一人当たりの選挙人数の最大較差が一対五・一三であったことの合憲性が争われた。本件選挙は、平成一六年大法廷判決が国会に定数是正を強く求めたが、法改正されることなく行われたものである。

⑴　多数意見（合憲判断）

多数意見（一〇人）は、基本的には従来の判例と同じ判断枠組みを採用し、「本件選挙当時において、本件定数配分規定が憲法に違反するに至っていたものとすることはできない。」と結論づけた。その際、①平成一六年大法廷判決は最大較差一対五・〇六を違憲とはいえない旨の判断をし、本件での最大較差一対五・一三はそれと大きく異なるものではなかったこと、②平成一六年大法廷判決から本件選挙までの期間は約六か月にすぎず、投票価値の不平等を是正するための期間として必ずしも十分なものではなかったこと、③その間、参議院では、平成一六年大法廷判決直後である平成一六年二月六日に参議院議長が主宰する各会派代表者懇談会の下に協議会を設けて定数是正の議論を行い、六月一日の同懇談会では、七月に施行される本件選挙までに是正を行うことは困難であることなどから、本件選挙後、次回選挙に向けて、定数是正について結論を得るように協議を再開する旨を申し合わせ、本件選挙後、参議院議長は一二月一日に参議院改革協議会の下に選挙制度に係る専門委員会を設け改正案を検討し、公職選挙法を改正する法律が平成一八年六月一日に成立し、その結果、平成一七年一〇月の国勢調査結果の速報値による人口に基づく選挙区間における議員一人当たりの人口の最大較差が一対四・八四に縮小したことを考慮した。

多数意見はそれに続き、「なお、上記の公職選挙法改正は、上記の専門委員会において、平成一六年大法廷判決の多数意見の中に従来とは異なる厳しい姿勢が示されているという認識の下に、これを重く受け止めて検討された案に基づくものであることがうかがわれるところ、そのような経緯で行われた上記の改正は評価すべきものであるが、投票価値の平等の重要性を考慮すると、今後も、国会においては、人口の偏在傾向が続く中で、これまでの制度の枠組みの見直しをも含め、選挙区間における選挙人の投票価値の較差をより縮小するための検討を継続することが、憲法の趣旨にそうものというべきである。」と付言する。

多数意見は、平成一六年大法廷判決による法改正の要請を受けた参議院が法改正のために努力し、本件選挙後に一応の対応をしたことを重視して合憲判決を出した。また、多数意見が強調した「投票価値の平等の重要性を考慮すると、選挙区間における選挙人の投票価値の不平等の是正については、国会において不断の努力をすることが望まれる。」と、右のなお書きが求める制度見直しのための検討は、国会に対して直接的に法改正を要請し、一度限りではなく、継続的な対話を要請するものである。

多数意見は、基本的には従来の判例法理を踏襲し、結論は合憲ではあるが、全体として、立法裁量についてより厳格な立場をとるべきであるとした平成一六年大法廷判決の補足意見2の立場を取り込み、平成一六年大法廷判決の内容を一歩進めたものと考えられる。

(2)　補足意見（多数意見に同意）

藤田裁判官の補足意見は、これまでの立法府の対応が不十分であったことを指摘し、現状が続けば違憲判決もありうることを強調する。今井裁判官の補足意見は、本件においても「違憲との判断をする余地も十分ある」と述べ、違憲性の疑いを投げかけて国会に制度の「抜本的な改革」を直接的に求める。那須裁判官の補足意見は、「一般的には、是正措置を執るための時間との相関関係で、短期間に是正措置を講じた場合には『当面の応急措置』でも足りるが、時間が長く掛かればそれだけ較差を縮小させるための抜本的な対応が要請される」ことを指摘する。国会の対応の具体的内容に応じて必要とされる相当期間の長さが変化するとの考えは重要である。

(3)　反対意見（違憲判断）

本判決には五人の裁判官の反対意見が付されているが、いずれも、本件議員定数配分規定を違憲とすべきであるが、事情判決の法理により処理すべきとする。

この判決は、結論は合憲であるが、多数意見は、参議院の選挙制度の抜本的改正を直接的に強く求めている。ただ、どのような内容の制度を構築すべきかについては、国会に一定の裁量が残されていると考えられるため、国会の主体的対応による実質的な憲法的対話の余地は残されている。

10 平成二一年大法廷判決（最大判平成二一年九月三〇日民集六三巻七号一五二〇頁）

(1) 平成一八年法改正

平成一六年大法廷判決を受けて、当面の是正策として較差五倍を超えている選挙区および近い将来五倍を超えるおそれのある選挙区について較差是正を図る四増四減案に基づく公職選挙法の改正が平成一八年に行われ（以下「本件改正」）、その結果、平成一七年一〇月実施の国勢調査結果による人口に基づく選挙区間における議員一人当たりの人口の最大較差は一対四・八四に縮小した。

本件では、平成一九年七月二九日施行の本件参議院議員選挙当時の選挙区間における議員一人当たりの選挙人数の最大較差が一対四・八六であったことの合憲性が主な争点となった。

(2) 多数意見（合憲判断）

多数意見（一〇人）は、「本件選挙当時において、本件定数配分規定が憲法に違反するに至っていたものとすることはできない」と結論づける。その際、累次の大法廷判決の趣旨は、「基本的な判断枠組みとしてこれを変更する必要は認められない」としつつも、最大較差一対五前後が常態化する中で、平成一六年大法廷判決および平成一八年大法廷判決は、「上記の判断枠組み自体は基本的に維持しつつも、投票価値の平等をより重視すべきであるとの指摘や、較差是正のため国会における不断の努力が求められる旨の指摘がされ、また、不平等を是正するための措置が適切に行われているかどうかといった点をも考慮して判断がされるようになるなど、実質的にはより厳格な評価がされてきている」ことを指摘する。

そして、多数意見は、①参議院では、平成一六年大法廷判決を受け、当面の是正措置の必要性と、定数較差の継続的な検証調査を進めていく必要性が認識されたこと、②本件改正の結果、最大較差は一対四・八四に縮小することとなったこと、③本件選挙当時の最大較差は一対四・八六で、本件改正前の前回選挙当時の最大較差一対五・一三に比べて縮小していること、④本件選挙後には、参議院改革協議会が設置され、同協議会の下に選挙制度に係る専門委員会が設置されるなど、定数較差の問題について今後も検討が行われることとされていること、⑤現行の選挙制度の仕組みを大きく変更するには、相応の時間を要し、本件選挙までにそのような見直しを行うことは極めて困難であったことを考慮し、合憲判断を示した。ここでは、最高裁判決を踏まえた国会の対応が合憲判断を導く要素として考慮されている。

多数意見は、その直後、「しかしながら、本件改正の結果によっても残ることとなった上記のような較差は、投票価値の平等という観点からは、なお大きな不平等が存する状態であり、選挙区間における選挙人の投票価値の較差の縮小を図ることが求められる状況にあるといわざるを得ない。ただ、前記2(4)の専門委員会の報告書に表れた意見にもあるとおり、現行の選挙制度の仕組みを維持する限り、各選挙区の定数を振り替える措置によるだけでは、最大較差の大幅な縮小を図ることは困難であり、これを行おうとすれば、現行の選挙制度の仕組み自体の見直しが必要となることは否定できない。このような見直しを行うについては、参議院の在り方をも踏まえた高度に政治的な判断が必要であり、事柄の性質上課題も多く、その検討に相応の時間を要することは認めざるを得ないが、国民の意思を適正に反映する選挙制度が民主政治の基盤であり、投票価値の平等が憲法上の要請であることにかんがみると、国会において、速やかに、投票価値の平等の重要性を十分に踏まえて、適切な検討が行われることが望まれる。」と説示する。このように多数意見は、平成一八年大法廷判決を一歩進め、なお書きの傍論としてではなく、主要な判決理由として、国会に対し、直接的に、選挙制度の仕組み自体の見直しのための速やかな検討をより強く要請した。

(3)　反対意見（違憲判断）

本判決には、本件議員定数配分規定を違憲とする五人の裁判官の反対意見が付されている。那須裁判官の反対意見は、現行の選挙制度の仕組みを前提としつつも、違憲性をできるだけ解消する方法の例として、「比例代表の定員一六名分を減じて、これを定員が過少な選挙区に順次振り替える」

方法に加え、「平成一二年改正で減員となった一〇名を復活させこれを選挙区の定員に振り向け」「その際、各選挙区について最低二の定数を配分しつつ、これを超える定数については奇数配分も可能とした上で……、奇数定員の選挙区について偶数定員の選挙を行う回と奇数定員の選挙を行う回を交互に組み合わせ、かつ全国の選挙区を総体としてみたときに奇数選挙区選挙が一方に偏らないように分散させる等の方法」を提示する。那須裁判官はまた、違憲判決の主文について、「事情判決から竿頭一歩を進めて、端的に主文で違憲確認をする方法を認めてもよい」と述べ、国会の対応の仕方を考慮して、はじめはぎりぎりの合憲判断、次に、違憲判決、その際も、選挙を無効としない事情判決から、選挙を無効としないが主文で違憲宣言をする判決への変化を求める。これも対話の過程に応じて、より緩やかな判決内容からより厳しい判決内容への変化を示している。

田原裁判官の反対意見は、「参議院選挙区制の抜本的見直しの必要性」を強調し、都道府県を選挙区として維持すべき必然性が全くないことや、参議院議員の定数二四二人中半数の一二一人は比例区で、残余の一二一人は選挙区で選出するものとし、三年ごとにその一方の議員の選挙を行う方法を、違憲性を解消するための方法として例示する。また、「参議院議員の選挙制度の抜本的見直し」を行う際、「選挙区間において四倍を超える人口較差が生じる最大の原因たる、選挙区を都道府県を単位とし、かつ、偶数を配分するという制度を廃止することが大前提となる」が、「いかなる選挙制度を構築するかは、憲法の関連諸規定及びその趣旨を踏まえた上で、国会が合理的な裁量をもって定めることとなる。」と述べ、現行制度の抜本的見直しの大前提を示す。さらに、国会が選挙制度を構築する際に留意する点として、「〔1〕二院制たる参議院にふさわしい議員を、全国民を代表する者として選出できる制度であること」、「〔2〕現在採用されている衆議院議員選挙制度……とは異なる方式であること」、「〔3〕今日の、インターネットを用いることによる情報の質、量を含めたその伝達の即時性、広域性、及び、全国の主要都市間はほぼ同日中に往復できるという充実した交通機関網の存在に十分配慮した制度であること」、「〔4〕国民の参政権の基本たる投票権の価値は、できる限り平等になるように工夫し、その平等が維持できない場合にも、その較差の程度及びその範囲をできる限り限局するように努力すること。それらの工夫によっても、一票当たりの人口較差が二倍を超える場合には、二倍を超えてでも当該選挙制度を選択する理由について、国民に明示すること」、「〔5〕今後の人口動態の変動を視野に入れ、新たに選択された選挙制度が比較的長期間安定的に機能し得ること」を列挙する。ここではかなり具体的な留意事項が示され、国会の立法裁量をかなり制限しているとの印象を受けるが、「いかなる選挙制度を構築するか」に関しては国会の「合理的な裁量」が認められている。

近藤裁判官の反対意見は、「抜本的改正の必要性」を指摘し、「なお、明年七月に施行される次回の参議院議員通常選挙までには、最小限の是正措置を講ずることは別として、上記のような抜本的な見直しを実現することは困難であろうが、国会においては、四年後に施行される次々回の参議院議員通常選挙までには、憲法の要求する投票価値の平等を他の政策的目的ないし理由との関連において調和的に実現するために、参議院議員の選挙制度の抜本的見直しを行うことが、憲法の要請にこたえるものというべきである。次々回の選挙もこのような抜本的な見直しを行うことなく施行されるとすれば、定数配分規定が違憲とされるにとどまらず、前記事情判決の法理によることの是非が検討されることになろう。」と指摘する。国会の改正作業に、四年間の時間制限を設けたことは、非常に強い法改正の直接的な要請といえる。また、その四年間で国会が適正な法改正を行わなかった場合、事情判決よりも厳しい内容の判決を下す可能性が示唆されている。

宮川裁判官の反対意見は、国会の対応に応じて、将来、問題となった選挙区選挙の無効判決の可能性を示唆する。

11　平成二四年大法廷判決（最大判平成二四年一〇月一七日判時二一六六号三頁）

本件では、平成二二年七月一一日施行の本件参議院議員選挙当時、選挙区間における議員一人当たりの選挙人数の最大較差が一対五・〇〇になっていたことの合憲性が主な争点となった。

(1)　多数意見（違憲状態・結論合憲）

多数意見は、本件選挙当時の投票価値の不平等は違憲状態に至っていたが、本件選挙までに問題となっている議員定数配分規定を改正しなかったことが国会の裁量権の限界を超えるものとはいえないから、本件議員定数配分規定は憲法に違反しないと、違憲状態・結論合憲判決を下した。その際、最大較差一対五前後が常態化する中で、平成一六年大法廷判決、平成一八年大法廷判決、平成二一年大法廷判決では、これまでの判例の「判断枠組み自体は基本的に維持しつつも、投票価値の平等の観点から実質的にはより厳格な評価がされるようになってきた」ことを指摘する。

そして多数意見は、①「参議院は衆議院とともに国権の最高機関として適切に民意を国政に反映する責務を負っていることは明らかであり、参議院議員の選挙であること自体から、直ちに投票価値の平等の要請が後退してよいと解すべき理由は見いだし難い。」と説示し、②「前回の平成一九年選挙についても、投票価値の大きな不平等がある状態であって、選挙制度の仕組み自体の見直しが必要であることは、平成二一年大法廷判決において特に指摘されていた」が、それにもかかわらず、平成一八年法改正後は法改正は行われることなく本件選挙に至ったことなどを指摘し、本件選挙当時の投票価値の不均衡は、「投票価値の平等の重要性に照らしてもはや看過し得ない程度に達しており、これを正当化すべき特別の理由も見いだせない以上、違憲の問題が生ずる程度の著しい不平等状態に至っていたというほかはない。」と断ずる。

しかし多数意見は、(a)平成二一年大法廷判決が、「参議院議員の選挙制度の構造的問題及びその仕組み自体の見直しの必要性を指摘したのは本件選挙の約九か月前のことであり」、(b)選挙制度の仕組み自体の見直しについては、「事柄の性質上課題も多いためその検討に相応の時間を要すること」、(c)「参議院において、同判決の趣旨を踏まえ、参議院改革協議会の下に設置された専門委員会における協議がされるなど、選挙制度の仕組み自体の見直しを含む制度改革に向けての検討が行われていたこと（なお、本件選挙後に国会に提出された……公職選挙法の一部を改正する法律案は、単に四選挙区で定数を四増四減するものにとどまるが、その附則には選挙制度の抜本的な見直しについて引き続き検討を行う旨の規定が置かれている。）」などを考慮すると、「本件選挙までの間に本件定数配分規定を改正しなかったことが国会の裁量権の限界を超えるものとはいえず、本件定数配分規定が憲法に違反するに至っていたということはできない。」と結論は合憲とする。

それに続けて多数意見は、「参議院議員の選挙制度については、限られた総定数の枠内で、半数改選という憲法上の要請を踏まえて各選挙区の定数が偶数で設定されるという制約の下で、長期にわたり投票価値の大きな較差が続いてきた。しかしながら、国民の意思を適正に反映する選挙制度が民主政治の基盤であり、投票価値の平等が憲法上の要請であることや、さきに述べた国政の運営における参議院の役割に照らせば、より適切な民意の反映が可能となるよう、単に一部の選挙区の定数を増減するにとどまらず、都道府県を単位として各選挙区の定数を設定する現行の方式をしかるべき形で改めるなど、現行の選挙制度の仕組み自体の見直しを内容とする立法的措置を講じ、できるだけ速やかに違憲の問題が生ずる前記の不平等状態を解消する必要がある。」と、一定の内容を示して選挙制度の仕組み自体の改正を、国会に直接求めた。

(2)　補足意見（多数意見に同意）

櫻井裁判官の補足意見は、「なお付言するに……立法府においては、投票価値の平等の要請に沿った選挙制度の見直しに当たり、二院制に係る憲法の趣旨等との調和の下に、今後の二院制の在り方も念頭に置き、上記のような改正案を含めて多様な選択肢を視野に入れつつ、相応の時間をかけても二一世紀の日本を支えるにふさわしい参議院議員選挙制度の在り方について十分な議論の上、国民の期待に応える改革を行う叡智を期待してやまないものである。」とする。これは、国会に対する直接的な制度改革の要請であるが、選挙制度改革の内容については国会に多様な選択肢があることも指摘している。

金築裁判官の補足意見は、「いかなる仕組みの選挙制度を採用するかについて、憲法上、国会に広範な裁量権があること」は「いうまでもない」と指摘しつつも、「投票価値の平等が憲法上の要請であることに鑑み、仕組みの見直しによるいわゆる違憲状態の是正の可及的に早期の実現に向けて、真摯かつ具体的な検討が進められることが強く期待される」と国会に可及的早期の改革を直接迫る。

千葉裁判官の補足意見は、「今後の選挙制度の見直しに当たっては、現行の選挙制度の仕組み自体の見直しが必要であり、弥縫策では足りず、立法府においては、短兵急に結論を出すのではなく、法原理的な観点からの吟味に加え、二院制に関する政治哲学や諸外国の二院制議会の現状分析と評価等が不可欠であり、さらに、グローバルな視点を保持した上での日本の社会、産業、文化、歴史等についての構造的な分析が求められるなど、専門的で多角的な検討が求められるところである。新しい選挙制度については、それが地域を基準にする場合でも、それ以外の基準による場合でも、立法府が、このような検討を十分に行った上で、二院制に係る憲法の趣旨や参議院の果たすべき役割、機能をしっかりと捉えて制度設計を行うなど、相応の時間をかけて周到に裁量権を行使する必要があるというべきである。」と述べ、制度改革に際し国会が考慮し検討すべき諸要素をあげる。これは、国会の選挙制度改革の判断過程を事前にコントロールする要素を含んでいるのかもしれない。

(3)　意見（多数意見の結論に同意）

竹内裁判官の意見は、「参議院の在り方にふさわしい選出基盤とは何か、参議院の場合に投票価値の平等の要請やこれを具現化するための人口比例原則が譲歩を求められることがあるとして、憲法が二院制を採用した趣旨も含め、これを正当化する他の政策的目的ないし理由として国会は何を考慮しているのか、投票価値の平等の要請と他の理念や政策的目的の調和点をどのあたりに求めるか」など国会が検討すべき「基本的な諸点」をあげ、「国会が立法裁量権を行使して参議院議員選挙制度の仕組みを検討するに当たっては、投票価値の平等の観点に加えて、二院制の下における衆議院とは異なった参議院の在り方にふさわしい選挙制度の仕組みの基本となる理念や政策的目的等を国民に対して速やかに提示し、具体的な検討を行うことが強く望まれる。」と説示する。

(4) 反対意見〈違憲判断〉

この判決には、違憲判断を示しつつ、事情判決をする三人の裁判官の反対意見が付されている。田原裁判官の反対意見は、「前回選挙以後も抜本的な選挙制度改革についての具体的な提案が国会に上程されるに至っていないという国会の著しい怠慢は座視するに忍びず、前回の選挙について事情判決によるべきであるとする意見と異なり、本件選挙については選挙無効の判決をなすべきではないかとも思慮される」が、本件選挙が平成二一年大法廷判決から九か月余で施行されたこと、本件選挙前に参議院議長の諮問機関である参議院改革協議会の下に設けられた専門委員会において、平成二三年中に公職選挙法改正案を国会に上程することが定められるなど参議院選挙制度改革に向けた具体的な方針が提示されていたなどの諸事情を考慮すれば、「本件選挙については、なお事情判決の法理によって処理するのも已むを得ないものと思料する。」、「しかし、憲法違反の状態を放置し、司法からの繰り返しての警鐘に対しても何ら真正面から応答しない国会の姿勢をそのまま放置することは、到底認められるものではない。もし平成二五年参議院議員通常選挙が上記のとおりの当面の弥縫策〈選挙区間の議員一人当たりの最大較差一対四・七五〉を施した上で、現行法の枠組みの下で行われるならば、当審として選挙無効の判断をもって対処すべきものと考える。」と述べ、将来、選挙無効判決が出される可能性を指摘する。

須藤裁判官の反対意見は、本件議員定数配分規定は憲法に違反すると断ずるが、その理由の骨子は、「第一に、現行選挙制度が合理的な理由なく投票価値に不平等を生ぜしめるものとなっているという点において、第二に、これに対し、当審が遅くとも平成一八年には現行の選挙制度の枠組みの見直しを促したといえるメッセージを示したにもかかわらず、今日に至るもそれが確としてなされないままで投票価値の著しい不平等状態が維持されているという点において、国会の裁量権の限界を超えているということ」である。須藤裁判官は、「いかなる選挙制度とするか、これにつきどのような仕組みを構築するかは、元来は国会の広い裁量権に委ねられる事柄」でり、「立法府と司法との関係において、裁判所がこのような立法的措置を伴う制度の見直しを促すようなことはよくよくのことであると考えられる」が、平成一八年大法廷判決が、「あえて見直しを促すといえる判示を行うに至ったのは、立法府も憲法の下にある一方において、憲法は最高法規であり」、最高裁判所が違憲審査権を有する終審裁判所であることに鑑み、「当審において、当時のような投票価値の不均衡がその後も継続すれば近い将来に立法府の不作為が憲法に抵触する状態に至る可能性が大きいと考えたからこそであろう。」と述べ、また、本件選挙については事情判決の手法を採用するが、「平成二五年選挙に至ってもなお現状のままで選挙制度の枠組みの改変について見るべき取組も見いだされない状態であるならば、同選挙における選挙無効訴訟の提起された選挙区の選出議員の選挙に限っては無効とせざるを得ない」と説示する。ここには、①最高裁による選挙制度見直しのメッセージに国会が適切に対応しなかったことが違憲判断の一つの理由とされたこと、②国会が広い裁量を有する問題に関しては、最高裁による国会に対する制度改革の直接的要請は例外的なものであるという考え、さらに、③最高裁からの法改正のメッセージに国会が適切に対応しない場合、部分的選挙無効判決のようにより厳しい判決内容が下される可能性があること、が示されている。これは、最高裁と国会との対話過程の中で、最高裁の判断内容が変化することを示すものである。

大橋裁判官の反対意見は、「本判決において、全裁判官が一致して違憲の問題が生ずる程度の著しい不平等状態に至っていたとされた本件定数配分規定については、その速やかな是正を図ることが立法府として憲法の要請に応えるものであるが、更に、選挙制度の策定に広範な裁量権が認められた立法府として、選挙無効判決が確定するという万一の場合に生じ得る混乱を最小限に抑えるため、欠員の補充のための選挙についての立法措置についても検討を始めることが今後必要となるものと思われる。」と述べ、将来の選挙無効判決の可能性を示唆する。

このように多数意見のみならず補足意見や意見も、国会に対し、直接的に、選挙制度の抜本的改正を強く要請している。

⑸　平成二四年法改正

本判決前の平成二四年八月には公職選挙法の一部を改正する法律案が国会に提出された。その内容は、平成二五年七月の参議院議員選挙に向けた改正として選挙区選出議員について四選挙区で定数を四増四減するものであり、その附則には、平成二八年の参議院議員選挙に向けて選挙制度の抜本的な見直しについて引き続き検討を行う旨の規定が置かれている。この法律案は、平成二四年大法廷判決後の平成二四年一一月一六日に成立したが、その結果、一対四・七五の最大較差が残った。

12　間接的要請から直接的要請へ

平成八年の大法廷による違憲状態判決は、国会に対し直接法改正を要請するものではないが、間接的にそれを要請している。それに対し、最高裁が、国会に対し、直接的に法改正を要請する手法もある。以下、直接的要請を概観する。

平成一六年大法廷判決の島田裁判官の補足意見1の追加補足意見は、「立法府としては、投票価値の平等の重要性にかんがみ、制度の枠組み自体の改正をも視野に入れた抜本的な検討をしておく必要がある。」（傍点は筆者）と述べる。

また、平成一八年大法廷判決の多数意見は、結論は合憲であるが、通常傍論と理解されるなお書きで、「今後も、国会においては、人口の偏在傾向が続く中で、これまでの制度の枠組みの見直しをも含め、選挙区間における選挙人の投票価値の較差をより縮小するための検討を継続することが、憲法の趣旨にそうものというべきである。」（傍点は筆者）と付言する。

続く平成二一年大法廷判決の多数意見は、結論は合憲であるが、主要な判決理由の一部として、

「現行の選挙制度の仕組みを維持する限り、各選挙区の定数を振り替える措置によるだけでは、最大較差の大幅な縮小を図ることは困難であり、これを行おうとすれば、現行の選挙制度の仕組み自体の見直しが必要となることは否定できない。……国民の意思を適正に反映する選挙制度が民主政治の基盤であり、投票価値の平等が憲法上の要請であることにかんがみると、国会において、速やかに、投票価値の平等の重要性を十分に踏まえて、適切な検討が行われることが望まれる。」（傍点は筆者）と説示する。

さらに、平成二四年の大法廷判決の多数意見は、違憲状態・結論合憲判断を示し、主要な判決理由の一部として、「より適切な民意の反映が可能となるよう、単に一部の選挙区の定数を増減するにとどまらず、都道府県を単位として各選挙区の定数を設定する現行の方式をしかるべき形で改めるなど、現行の選挙制度の仕組み自体の見直しを内容とする立法的措置を講じ、できるだけ速やかに違憲の問題が生ずる前記の不平等状態を解消する必要がある。」（傍点は筆者）と説示する。

時間の流れの中で見ると、最高裁の要請は間接的なものから直接的なものへと変化している。また、直接的要請には以下のような四つの変化がある。すなわち、①補足意見による直接的要請から多数意見による直接的要請への変化、②多数意見の傍論による直接的要請から多数意見の主要な判決理由による直接的要請への変化、③時間の流れとともに要請する内容がより具体化するという変化、④時間の流れとともに要請の程度がより強くなるという変化である（右引用の傍点部分に注意）。

ただ、より強い要請への変化は、国会が最高裁からの要請に適切に対応しなかった結果であること、さらに、どのような選挙制度を構築するのかについては国会に合理的裁量が残されていることをふまえると、そこには国会の自主的判断の余地が残されており、最高裁と国会との実質的な憲法的対話の可能性は残されている。

13　まとめ

参議院の議員定数不均衡に関しては、①最高裁の違憲状態判決や法改正の間接的または直接的な要請を受け、国会が法改正を行い、それが繰り返されるという継続的な対話がある、②最高裁は、平成二四年大法廷判決以前の累次の判決において、参議院議員の選挙区選挙においては最大六倍までの較差を合憲とする判断を重ねてきたが、平成一六年大法廷判決以降、選挙制度の抜本的改正を国会に要請するようになった、③それを受け、国会は、最大較差を一対五未満にするという、違憲状態を解消するための必要最小限の法改正を繰り返すが、最高裁から要請された選挙制度の抜本的改正には消極的である、④最高裁の明示的な違憲判決がなくとも国会は最大較差を一対五未満にするための法改正を行ってきた、という特徴を指摘できる。右の②と③をふまえると、最高裁と国会との対話は、継続的ではあるがかなり限定されたものにとどまっていると評価できる。

多数意見には、(a)最高裁が過去に国会に対し違憲の疑いを指摘していなかったことが違憲判断をためらわせる要因となっていることを示唆するもの、(b)最高裁判決をふまえた国会の対応を合憲判断を導く要素として考慮する傾向を示すもの、(c)一度限りの対話ではなく継続的な対話を要請するもの、(d)多数意見が国会に対して法改正を要請する場合、間接的要請から直接的要請へ、直接的要請は弱い要請からより具体的でより強い要請への変化を示すもの、(e)最高裁判決に対する国会の具体的対応内容すなわち対話の具体的過程に応じて、相関的に、判決内容の厳格さを変化させる傾向を示すもの、がある。

補足意見には、(f)違憲性についての強い疑いを指摘し、次回の選挙では違憲判決の可能性があることを強く示し国会の対応を強く求めるもの、(g)最高裁が憲法の要請する条件を適切に示せば最高裁と国会との有意義な対話が実現しうることを示唆するもの、(h)選挙制度改革については国会に広い裁量があることを指摘しつつも選挙制度の仕組み自体の見直しを可及的早期に実現することを要請するもの、(i)選挙制度改革に際し国会が考慮すべき要素や検討すべき要素をあげるもの、などがある。

意見には、(j)選挙制度の仕組みを検討するに当たり国会が考慮すべき要素を列挙するもの、などがある。

反対意見には、(k)対話過程の初期段階で、国会の独自の対応に期待できる場合、裁判所は謙抑的であることが許されるが、その後国会の自主的対応に期待できなくなった段階では、裁判所はより厳しい判断を示し、国会の法改正を強く促すことが要請されるとし、対話の具体的過程に応じて、憲法判断の結論も、違憲判決の効力も変化しうることを示すもの、(l)国会の対応が不十分であったことの背後に最高裁の極めて寛容な対応があることを指摘し、最高裁の憲法判断の在り方と国会の対応の在り方が密接に関連していることを示唆するもの、(m)国会の具体的対応との相関関係で最高裁の違憲審査権の行使の在り方を決めるもの、(n)最高裁が法改正の指針をより具体的に示していれば国会はより適切に対応できた可能性があることを示唆するもの、(o)違憲性を解消するための方法を具体的に示したり、国会が考慮すべき重要な要素を列挙するもの、(p)最高裁による選挙制度改正のメッセージに国会が適切に対応しなかったことを違憲判断の一つの理由としつつ、国会が広い裁量を有する問題に関しては、最高裁による国会に対する制度改正の要請は例外的であるという考えを示すもの、などがある。

右の(k)のような考えは、(ア)司法消極主義から司法積極主義への変化を対話過程における国会の対応の仕方で正当化するもので、(イ)最高裁の判決内容が特定の立法を要請するものであっても、対話過程の内容に応じて許される場合があることを示唆し、(ウ)三権の適正なバランスの具体的内容は対話過程の具体的内容に応じて相関的に変化しうることをも示唆している。

第五章　国籍法違憲判決をめぐる対話

1　国籍法違憲判決（最大判平成二〇年六月四日民集六二巻六号一三六七頁）

本判決では、国籍法三条一項が、日本国民である父と日本国民でない母との間に出生し、父から出生後に認知された非嫡出子について、父母の婚姻により嫡出子たる身分を取得した（準正のあった）場合に限り届出による日本国籍の取得を認め（以下「準正要件」）、認知されたにとどまる子と準正のあった子との間に日本国籍の取得に関する区別（以下「本件区別」）をしていることが、憲法一四条一項に違反するか否かが争点となった。

(1)　多数意見（違憲判断）

多数意見は、本件区別が準正要件という過剰な要件によって生じたと理解し、その準正要件の定めを違憲と判断した。すなわち、①国籍法三条一項の立法目的は、「同法の基本的な原則である血統主義を基調としつつ、日本国民との法律上の親子関係の存在に加え我が国との密接な結び付きの指標となる一定の要件を設けて、これらを満たす場合に限り出生後における日本国籍の取得を認めることとしたもの」であり、その立法目的自体には合理的な根拠がある、②国籍法三条一項の規定が設けられた昭和五九年当時、同項の規定が認知に加えて準正を日本国籍取得の要件としたことには、当該「立法目的との間に一定の合理的関連性があった」が、その後、「我が国を取り巻く国内的、国際的な社会的環境等の変化に照らしてみると、準正を出生後における届出による日本国籍取得の要件としておくことについて、前記の立法目的との間に合理的関連性を見いだすことがもはや難しくなっている」、③遅くとも上告人が法務大臣あてに国籍取得届を提出した平成一五年当時には、「本件区別は合理的な理由のない差別となっていたといわざるを得ず、国籍法三条一項の規定が本件区別を生じさせていることは、憲法一四条一項に違反するものであった」、④「日本国民である父と日本国民でない母との間に出生し、父から出生後に認知された子は、父母の婚姻により嫡出子たる身分を取得したという部分を除いた国籍法三条一項所定の要件が満たされるときは、同項に基づいて日本国籍を取得することが認められる」とし、「上告人は、法務大臣あての国籍取得届を提出したことによって、同項の規定により日本国籍を取得したものと解するのが相当である。」と判示した。

多数意見は、右の④に関し、「この解釈をもって、裁判所が法律にない新たな国籍取得の要件を創設するものであって国会の本来的な機能である立法作用を行うものとして許されないと評価することは、国籍取得の要件に関する他の立法上の合理的な選択肢の存在の可能性を考慮したとしても、当を得ないものというべきである。」と反対意見に反論する。

(2) 補足意見（多数意見に同意）

泉裁判官の補足意見は、「もとより、国会が、将来において、国籍法三条一項を憲法に適合する方法で改正することは、その立法裁量に属するところであるが、それまでの間は、『父母の婚姻』の部分を除いて同項を適用すべきである。／また、『父母の婚姻』の部分を除いて国籍法三条一項の規定を適用することは、憲法の平等原則の下で同項を解釈し適用するものであって、司法が新たな立法を行うものではなく、司法の役割として当然に許されるところである。」と述べる。

那須・涌井両裁判官が同調する今井裁判官の補足意見は、「非準正子についても国籍を付与するということになれば、国会において、国籍付与の要件として、準正要件に代えて例えば日本国内における一定期間の居住等の他の要件を定めることもできたのに、その裁量権を奪うことになるとする議論もあり得ないではない。そうであっても、裁判所がそのような要件を定めていない国籍法三条一項の合憲的解釈として、非準正子について国籍取得を認めたからといって、今後、国会がその裁量権を行使して、日本国民を父とする生後認知子の国籍取得につき、準正要件に代えて、憲法に適合する要件を定める新たな立法をすることが何ら妨げられるものでないことは、いうまでもないところであり、上記のような解釈を採ることが国会の立法裁量権を奪うことになるものではない。」と説示する。近藤裁判官の補足意見は、今井補足意見に賛同しつつ、さらに補足説明を加える。

これらの補足意見には、最高裁の違憲判決後、国会は違憲判決の趣旨に反しない限り、判決内容と異なる立法をすることが憲法上可能であるとの考えが示されている。

⑶　意見（違憲判断）

藤田裁判官の意見は、本件区別は憲法一四条一項に違反すると結論づけるが、非準正子の届出による国籍取得に関する規定が存在しないという立法不作為ないし立法不存在が違憲であると理解する。藤田裁判官は、本件上告人のような境遇に置かれている者が、「個別的な訴訟事件を通して救済を求めている場合に、先に見たように、考え得る立法府の合理的意思をも忖度しつつ、法解釈の方法として一般的にはその可能性を否定されていない現行法規の拡張解釈という手法によってこれに応えることは、むしろ司法の責務というべきであって、立法権を簒奪する越権行為であるというには当たらないものと考える。なお、いうまでもないことながら、国籍法三条一項についての本件におけるこのような解釈が一般的法規範として定着することに、国家公益上の見地から著しい不都合が存するというのであれば、立法府としては、当裁判所が行う違憲判断に抵触しない範囲内で、これを修正する立法に直ちに着手することが可能なのであって、立法府と司法府との間での権能及び責務の合理的配分については、こういった総合的な視野の下に考察されるべきものと考える。」と説示する。

今井補足意見と藤田意見には、①最高裁の違憲判決後、違憲判決の趣旨に反しない限り、国会が判決内容と異なる立法をすることは憲法上可能である、②このように考えることができるから、仮に、違憲状態の解消方法に複数の選択肢があったとしても、一定の救済を裁判所が命じても、必ずしも、立法権の侵害とはならない、③司法権と立法権との関係を考える場合も、最高裁の違憲判決後の国会の対応の可能性をふまえて考察すべきである、との考えが示されている。このような考えは、対話理論の前提と同じであり、その意味で、右個別意見は、日本に対話理論の前提を明示的に導入したものといえる。

(4) 反対意見（合憲判断と違憲判断）

横尾裁判官、津野裁判官、古田裁判官の反対意見は、国籍法が、出生後に認知を受けた子の国籍取得について、準正子に届出による取得を認め、非準正子は帰化によることとしていることは、立法政策の選択の範囲にとどまり、憲法一四条一項に違反するものではないとの立場をとる。そして、仮に非準正子に届出による国籍の取得を認めないことが違憲であるとしても、甲斐中裁判官、堀籠裁判官の反対意見とおおむね同旨の理由で上告を棄却すべきものとする。その際、多数意見は「条文の用語や趣旨の解釈の域を越えて国籍を付与するものであることは明らかであり、どのように説明しようとも、国籍法が現に定めていない国籍付与を認めるものであって、実質的には立法措置であるといわざるを得ない。」、「仮に多数意見のような見解が許されるとすれば、創設的権利・利益付与規定について、条文の規定や法律の性質、体系のいかんにかかわらず、また、立法の趣旨、目的を超えて、裁判において、法律が対象としていない者に、広く権利、利益を付与することが可能となることになる。……本件について、裁判により国籍を認めることは、司法権の限界との関係で問題があると考える。」と指摘する。

甲斐中裁判官、堀籠裁判官の反対意見は、本件区別は憲法一四条一項に違反すると結論づけるが、「違憲となるのは、非準正子に届出により国籍を付与するという規定が存在しないという立法不作為の状態」であると理解する。そしてこの反対意見は、「日本国民たる要件は、法律により創設的・授権的に定められるものである。本件で問題となっている非準正子の届出による国籍取得については立法不存在の状態にあるから、これが違憲状態にあるとして、それを是正するためには、法の解釈・適用により行うことが可能でなければ、国会の立法措置により行うことが憲法の原則である（憲法一〇条、四一条、九九条）。また、立法上複数の合理的な選択肢がある場合、そのどれを選択するかは、国会の権限と責任において決められるべきであるが、本件においては、非準正子の届出による国籍取得の要件について、多数意見のような解釈により示された要件以外に『他の立法上の合理的な選択肢の存在の可能性』があるのであるから、その意味においても違憲状態の解消は国会にゆだねるべきであると考える。／そうすると、多数意見は、国籍法三条一項の規定自体が違憲であるとの同法の性質に反した法解釈に基づき、相当性を欠く前提を立てた上、上告人の請求を認容するものであり、結局、法律にない新たな国籍取得の要件を創設するものであって、実質的に司法による立法に等しいといわざるを得ず、賛成することはできない。」と説示する。

このように、多数意見の解釈によって原告に国籍を付与することは、司法による立法であり認められないとする考えが五人の裁判官によって示された。

2　違憲判決後の国籍法改正

本判決を受けて、平成二〇年一二月五日、国籍法の一部を改正する法律案が可決・成立した。それにより国籍法三条は改正され、①出生後に日本人の親に認知された子の届出による国籍取得について、改正前の国籍法では、日本人の父から認知されていることに加えて、父母が婚姻していることが要件とされていたが、改正後、父母が婚姻していることという要件が削除され、認知されていることのみで国籍を取得することができるようになり、②国籍取得の届出に際して、虚偽の届出をした者に対する罰則が設けられた。

3　国会での審議

(1)　国籍法改正法案へよせられた反対意見

この国籍法改正法案に反対する趣旨の電話やファクス、電子メールなどが、相当数、国会議員や法務省に寄せられていた。中には、「組織的に、同じような内容もある反面、みずからの言葉で今回の国籍法改正に対して大変な心配、危惧を抱かれている国民の方が全国各地、老若男女、そんな反対の声を寄せて」いた。そこで示された代表的な疑念や質問は、①国籍取得届の虚偽届けについての刑罰が余りにも軽過ぎるのではないか、②偽装認知を防止するためにＤＮＡ鑑定の導入を必ず入れるべきではないか、③偽装結婚も横行していると言われている中で偽装認知を防止するためにどのような形で実効ある対策を打とうと考えているのか、であった（平成二〇年一一月一四日の衆議院法務委員会での赤池委員の発言）。この法案の国会審議では、主に、右の三点について質疑が行われた。

また、これらの懸念に対応すべく、平成二〇年一一月一八日の衆議院法務委員会で国籍法の一部を改正する法律案が起立総員で原案のとおり可決された際、「二　我が国の国籍を取得することを目的とする虚偽の認知が行われるおそれがあることを踏まえ、国籍取得の届出に疑義がある場合に調査を行うに当たっては、その認知が真正なものであることを十分に確認するため、調査の方法を通達で定めること等により出入国記録の調査を行う等万全な措置を講ずるよう努めるとともに、本法の施行後の状況を踏まえ、父子関係の科学的な確認方法を導入することの要否及び当否について検討すること。」、「三　ブローカー等が介在し組織的に虚偽の認知の届出を行うことによって日本国籍を取得する事案が発生するおそれがあることを踏まえ、入国管理局、警察等関係当局が緊密に連携し、情報収集体制の構築に努めるとともに、適切な捜査を行い、虚偽の届出を行った者に対する制裁が実効的なものとなるよう努めること。」などの附帯決議が付された。また、同法案が、平成二〇年一二月四日の参議院法務委員会で全会一致をもって原案どおり可決された際にも、類似の内容の附帯決議が付された。これは、多くの国民の声に対し複数の国会議員が対応したことを示している。

以下では主に憲法問題に関する質疑を見ていく。

(2)　最高裁判決のとらえ方

違憲判決の翌日、平成二〇年六月五日の参議院法務委員会で、千葉委員が、違憲判決を「大変画期的な最高裁判決」と評し、この判決をどのように受け止めたのかと質問し、鳩山邦夫法務大臣は、「最高裁の判決でございますから、私がそれを論評、批判するということはこれは全くあり得ないことでございまして、ただ、国の主張としては、これが退けられた形になって、国籍法第三条が憲法違反であるとされた点については、とにかくこれを厳粛に受け止めなければならないと思っております。／今後の対応でございますけれども、これはもちろん、最高裁というのは司法判断で最高の部分のものをされるところでありますが、裁判所は立法機関ではありません。したがって、今後、法改正をするということであれば、それはまさしく、提案が議員立法であるか政府提案があるかは別として、国会がお決めになることでございまして、国会の立法がどうなるかということだろうと思っておりますが、法務省といたしましては、判決内容をこれから更に十分に吟味をいたしますが、基本的には国籍法第三条は改正する方向で検討、対処していかなければならないと考えております。／最高裁の判決の中で、国籍法を改正することによって、我が国との密接な結び付きの指標となるべき他の要件を設けることは、それが立法目的との間に合理的関連性を有するものであれば許されるとされる補足意見が付けられておりまして、その要件の例として、日本国民である父が出生後に認知したことに加えて、出生地が本邦内であることや、本邦内において一定期間居住していることなどが挙げられているわけでございます。／もちろんこれは補足意見にすぎないわけでありますが、これから国会で実際に立法作業が、あるいは、立法というのは国会がするものですから、立法される場合においてこうした事柄がまた配慮されるのかどうか、今私が予測できることではありません。」と答弁した。

ここには、①法務大臣として最高裁判決を論評、批判しない、②違憲判決後に法改正するのは国会である、③補足意見も考慮する可能性がある、という点が示されている。右の②は、最高裁と国会との対話を前提としている。

国籍法の一部を改正する法律案が審議された平成二〇年一一月一八日午前中の衆議院法務委員会で、森法務大臣は、「最高裁判所判決には補足意見、反対意見も付されていることは十分承知をしておりますけれども、最高裁判所の判決は多数意見によって示されるものでありますので、この判断を厳粛に受けとめ、最大限尊重しなければならないと考えておるところでございます。その趣旨を踏まえ、国籍法第三条第一項が憲法に適合するよう、速やかな法改正をすることが必要であると考えております。」と答弁した。また、森法務大臣は、「国籍法を所管する法務省では、我が国の三権の一つであります最高裁判所判決を受けて、国籍法第三条第一項が憲法に適合するものとなるよう、もとより補足意見についても十分な検討を加えた上で、最高裁判所判決の趣旨を踏まえた改正法案を立案いたしまして、速やかな法改正を行うべくこれを国会へ提出したものでございます。」と答弁した。ここには、多数意見を中心としつつも、補足意見にも留意して、必要な立法措置を取る姿勢がみられる。

(3)　違憲判決の効力

国籍法の一部を改正する法律案が審議された平成二〇年一一月二五日の参議院法務委員会で法務省民事局長の倉吉政府参考人は、「最高裁判所の判決の効力でございますが、これは当該事案についてのみ生じると考えられているわけでございますので、本年六月四日の最高裁判所判決により、一般的にこうした事件の原告の方と同様の立場にある子供も届出によって国籍を取得することができるようになるものではございません。しかしながら、最高裁判所によって判断が示された以上、同様の立場にある者が同様の訴訟を提起した場合には、下級裁判所において今度の最高裁判決に倣って同様の判断が繰り返されることになると、こう考えられるわけでございます。／そこで、この最高裁判所判決には補足意見やもちろん反対意見も付されているわけでありますが、この判決というのはあくまでも多数意見によって示されるものでありますので、この判断は厳粛に受け止め、最大限尊重しなければならないと考えているところであります。／この趣旨を踏まえて、国籍法第三条第一項が憲法に適合するよう速やかな法改正を要するということで今回の法案を提出している次第でございます。」と答弁した。

ここには、①最高裁の違憲判決には個別的効力に加え、判例の拘束力のようなものがあるという考え方、②判決はあくまでも多数意見によって示され、それを最大限尊重する、③多数意見の趣旨を踏まえて違憲状態を解消するための法改正を行う必要がある、という考えが示されている。

(4)　少数意見などからメッセージを受け取る姿勢

平成二〇年一一月二五日の参議院法務委員会で、森法務大臣が、民法九〇〇条四号但書が不合理なものではないと答弁したことに対し近藤委員は、「民法九〇〇条の四号ただし書の規定でありますが、〇三年に最高裁の小法廷判決が出た。確かに、大臣おっしゃるように、合憲という形にはなっているけれども、三対二ですよね、これ。二人の裁判官がこの九〇〇条の四号ただし書について極めて違憲の疑いが強いと、そういうふうに言っていますよね。そのうちの一人は現在の最高裁の長官の島田さんですよ。島田仁郎さんは、これやっぱり違憲の可能性が非常に強い、可及的速やかに法改正をすべきだと、こういうことを言っているわけでございます。裁判官はみんな平等ですから、その後最高裁長官になった方がこう言っている、だからより重いんだと言うつもりはありませんけれども、しかし、それほどやっぱり際どい。……これは確かに少数意見かもしれませんけれども、こういう明らかに違憲の可能性がある、極めて強いと、こういう判決が出ているわけであります」と指摘する。近藤委員は、最高裁の少数意見から違憲の疑いや法改正を求めるメッセージを受けとめている。

平成二〇年一一月二七日の参議院法務委員会で、今回の国籍法の改正作業は、「違憲判決が六月四日になされましたのを契機として法務省においては具体的な検討に着手」したとの法務大臣の答弁に対し、松野委員は、「今大臣言われたように、今年六月の最高裁の判決を受けてのものだということですけど、しかし、その前から、これは違憲だ、あるいは違憲の疑いが強いと、こういうような指摘は裁判所、下級審の方でもありました。また、最高裁の補足意見辺りでも出ていたわけです。もちろん学者の方々からも出ていたわけで、私は、そういう点についてはやっぱり基本的人権にかかわることですから、法務省はその辺の感度を良くして、最高裁の違憲判決を受ける前にやっぱりしっかり検討すべきではなかったか、違憲判決を受けて慌ててやるというのはいささか格好悪いという気もしないではない」と指摘する。ここからも、最高裁の補足意見や下級裁判所からの違憲の疑いを示すメッセージを重視する視点が見て取れる。

(5)　最高裁判決の批判

平成二〇年一一月一四日の衆議院法務委員会では、森法務大臣による改正法案の趣旨説明の前に、赤池委員は、国籍法の改正に関し、「共同体としての国家の危機の懸念」があることを指摘し、赤池委員のもとに改正法案に反対する多数のファクス、電話、電子メールが届いていることを紹介した後、今回国籍法が改正されるきっかけは最高裁大法廷の判決であり、「当初は、最高裁の判決だからすぐにこれは法改正せざるを得ないと私自身も思っておりました。しかし、これだけ国民多数の反対意見に接して、改めて最高裁の判決文を読みました。そこで驚いたことがあります。／一五名の最高裁判決で、多数意見は、その違憲の理由の根拠として、社会経済の環境の変化とか、夫婦の家族生活、親子関係の意識の多様化、非嫡出子の割合の増加、社会通念、社会状況が変化している、国際化だ、諸外国の動向だ、国際条約、規約を理由に挙げているわけです。一見もっともらしいわけでありますが、しかし、最高裁の三名の少数反対意見は、その一つ一つに関して統計データを使って、日本人の家族生活、親子関係の意識の変化はある程度あるにしても、国民一般の意識として大きな変化はない、例えば非嫡出子は二〇年間で一％から一・九％にしか増加していない、日本人を父、外国人を母とする数も五千人から一万三千人にしかふえていない、西欧の三〇％や少ない国でも一〇％が非嫡出子である国とは違うんだということを明確に述べているということであります。／私は、国民常識は最高裁の多数意見よりも少数意見にあると思わざるを得ませんでした。最高裁判決でも間違っているものは間違っていると言わざるを得ないというのが率直な感想であります。」と述べ、最高裁の憲法判断を批判する。ここには、服従型の対応ではなく、対向型の対応をとる可能性や、国会と最高裁との間の実質的な憲法的対話の可能性も示されている。

平成二〇年一一月二七日の参議院法務委員会で山谷委員は、「本年六月四日に出された最高裁判決は国籍法規定を違憲と判断したものですが、日本国籍取得までをも認めたのは立法措置に等しく、国籍取得までは認めないという最高裁裁判官が一五人中五人おられたわけですね。／私もこれに対しては非常に違和感を持っておりまして、この国籍付与というのは司法権の逸脱ではないかというふうに考えております。立法措置に踏み込んでいることにもう当事者すら、五人の裁判官がおかしいと言っている。これ、法解釈の限界を超えているという意見を述べた裁判官もおられた。／違憲状態の解消は国会にゆだねるべきだと思います。これ、三権分立を侵しているんじゃないでしょうか。」と最高裁判決を批判的に捉えている。それに対し法務省民事局長の倉吉政府参考人は、「ただ、最高裁の大法廷の判決は多数意見で形成されておりますので、法務省としてはこれを重く受け止めて、今回の法案の提出に至ったということでございます。」と答弁した。

山谷委員は続けて、「国籍取得というのは本当に立法措置だと思いますので、私は、良識の府参議院としては、一体そのようなことが最高裁の判断でできるのかということを本当に問題にしていっていただきたいというふうに思います。ですからこそ、慎重審議というものを求めていきたいと思います。」と述べる。山谷委員が、慎重審議を求めるのは、違憲判決の問題点のみならず、今回の改正案には偽装認知をどう防ぐのかについて懸念があるからである。しかし、最高裁判決を正面から憲法論を用いて批判することは、国会と最高裁との実質的な憲法的対話の第一歩と評することができる。特に、山谷委員が問題としたのは、違憲判断の内容それ自体ではなく、上告人に国籍取得を認めた点であり、最高裁判決の全否定ではない。そこに対話の可能性を見いだすことができる。山谷委員自身も「私がさっき三権分立を侵しているのではないか、司法権の逸脱ではないかと言ったのは違憲判決に対して言っているのではなくて、国籍取得という、それが立法措置に踏み込んでいるというような考え方も成り立つのではないかということを言ったんですね。」と説明する。

この点に関し、同じ一一月二七日の参議院法務委員会で丸山委員は、「この判決についてはいろいろ賛否両論、意見がございまして、……これは司法権の逸脱だと、要するに、国に法律制定を命じるようなものであって、司法権の範囲を逸脱したとんでもない、まあとんでもないと言うかは別にして、司法権の逸脱判決だと言う方もおられます。また、しかし司法権を逸脱しているけど、まあ最高裁判所が言ったから仕方なく国籍法の見直しはしなきゃならないんだろうという意見の方もおられる。……そこら辺、忌憚のない御意見を伺いたい」と質問し、森法務大臣は、「ここで忌憚のない私見を述べますとえらいことになりますから差し控えますけれども、私はあくまでもやっぱり法務大臣として最高裁の判決を尊重してなるべく早期に違憲状態を解決したいと思い、またそういう気持ちでもって国会に御審議をお願いしているところでございます。」と答弁した。

(6)　準正要件以外の要件を付加する可能性

平成二〇年一一月一八日午前中の衆議院法務委員会で、稲田委員は、「今回、最高裁の近藤裁判官の補足意見の中で、出生後認知の場合でも、出生地が日本であることや、日本に一定期間居住していることを国籍取得の要件とすることは諸外国の立法例にも見られる、また生物学上の父子関係が存在することが科学的に証明されることを要件として付加することも憲法の範囲内で考えられるんだというような補足意見を述べられております。／私も、こういった何らかの要件をつけ加えるということは決して今回の憲法判断に反しないと思っておりますが、こういった点についていかがお考えでしょうか。」と質問した。

それに対し法務省民事局長の倉吉政府参考人は、「しかしながら、同じ多数意見の中で別の補足意見もございまして、ある裁判官は、近藤裁判官のおっしゃるような、日本で生まれたことといったような要件を課するという選択肢は国籍法の趣旨に照らして相当ではないというような趣旨のことも述べておられます。／そして、何よりもこの最高裁判所判決の本来の多数意見として書かれている部分でありますが、そこでは、生まれた後に日本国民から認知された嫡出でない子と父母の婚姻により嫡出子たる身分を取得した子供との間には、我が国との結びつきという点において差異があるとは言えないという判断がされたところであります。／そうすると、仮に御指摘のような住所要件であるとか日本で生まれたといったような要件、こういう要件を新たに設ける場合には、今回の改正法により、届け出による国籍取得が可能となる嫡出でない子だけではなく、従来も届け出によって国籍取得が可能であった父母が婚姻していた嫡出子についても同様の要件を設けることとしなければ、再び合理的でない差別が生じる、こういうことになります。／しかしながら、これまでそのような要件は満たさなくても、父母が婚姻していた嫡出子については届け出により日本の国籍を取得することができたということになるわけでありまして、その子に対してまで新たな要件を加重することについては一般に理解が得られにくいのではないか。そこで、今回の法改正では、単に準正の要件を削除するのみにとどめた、こういう次第でございます。」と答弁した。

それに対し稲田委員は、「私は、やはり最高裁が言ったからといってそれをそのまま立法府がやるというのは、立法府に身を置く者として矜持が足りないんじゃないか、最高裁の判断はもちろん尊重すべきですが、その範囲の中で許される限りの、例えば一定要件をつけることですとか、またさまざまな現実的な偽装認知を防ぐ方法を、慎重にも慎重を重ねて審議をしなきゃいけないと思っているんです。／今回、最高裁判決が出て、もちろんそれは尊重しなきゃいけません、違憲立法審査権を行使されたわけですから。……ただ、今回の最高裁判決の中で私は非常に疑問に思いましたのは、今までのように、定数不均衡とかそういった場合のように、単に違憲判決を出すにとどまらず、国籍法三条を読みかえて国籍を付与された。これは、まさに司法権による立法府に対する介入とまで言ったら言い過ぎかもしれませんが、そういったおそれがあったのではないか。そういった点からも、最高裁が読みかえられた国籍法三条一項にこだわることなく、違憲判断をされたその判断を尊重する範囲内で、できる限りの審議をし、慎重の上にも慎重に審議をすべきだと私は考えております。／今回、同僚国会議員の中でも非常にこの問題を重く考えて、そして慎重審議すべきだという考え方を署名等で申し入れをしているところでございます。」と述べる。

ここには、①最高裁の違憲判決は尊重する、②しかし、国会は、偽装認知を防ぐため、違憲判決の範囲内で独自の判断で一定の要件を付加すべきである、③多数意見が単に違憲判決を出すにとどまらず、国籍法三条を読みかえて国籍を付与したことは、立法権への介入の恐れがある、ことが示されている。これは、最高裁による国籍付与は三権分立に反する可能性があるという憲法論に基づく最高裁への批判をふまえた拡張型の対応をすべきことを主張するもので、最高裁と国会との実質的な憲法的対話の可能性を示している。

準正要件以外の要件を付加する可能性については、平成二〇年一一月二七日の参議院法務委員会でも問題とされたが、倉吉政府参考人は同様の説明を繰り返した。

(7) 国籍法違憲判決と民法九〇〇条四号ただし書との関係

違憲判決の翌日、平成二〇年六月五日の参議院法務委員会における丸山委員の「今後、最高裁が言わなくても民法規定の改正に取り組むようなお考えがあるかどうか」との質問に対し、鳩山法務大臣は、「子供さんにとってみれば親の事情というのは元々全くあずかり知らぬところである、つまり子供というのは親を選んで生まれてくることはできないわけであります。そういう意味で、親の事情が子に反映をする、非常に不利な形で反映をすることがないようにというのは我々が持たなければならない基本的な思想だと思っております。……嫡出子と嫡出でない子の相続分の倍違う話ですが、これ世論調査をしますと、この世論調査というのはなかなか難しい世論調査だと思うんですよね。だれに聞くかということで随分違うんですが、まあ一般的な世論調査の結果でいうと、嫡出子と非嫡出子と同じにすべきであるとする意見は二四・五%、四分の一で、やっぱり倍の違いがあった方がいいという人が四一％いると、こういうことでございまして、それはある意味でいえば嫡出子の方が圧倒的に多いので当たり前の結果なのかなというふうな気もしますが。／これは大変難しい問題でございますが、今後、法務省としても検討課題の一つにのせなければいけないとは思います。思いますが、しかしこういう問題は、法務省というのは裁判官や検事がすごく多い役所でございますから、これは、何というんですか、世の常識とそのまま一致しているかという問題はあるわけですね。何というか、比較的個性の強い方というのが多いと。……そういう意味でいうと、こういう問題こそ私は、国民の代表である国会が先陣を切って議論をすべきことだと私は思いますので、どうぞ丸山先生、中心となって各党間の有志でまず協議を始められたら、私も一国会議員としては参加をしたいと思います。」と答弁した。ここには、法務省のイニシャティブに期待できない場合、国会が自主的に法改正に取り組むべきとする考えが示されている。

国籍法違憲判決と民法九〇〇条四号ただし書の関係は、国籍法の一部を改正する法律案を審議した平成二〇年一一月一八日の衆議院法務委員会と、平成二〇年一一月二五日の参議院法務委員会でも問題とされた。後者の参議院法務委員会で森法務大臣は、「六月四日の最高裁の判決は、あくまでも国籍法第三条第一項について違憲の判断を示したものであって、嫡出でない子の法定相続分の問題については特に言及しているものではありません。／相続分の問題については、御承知のとおり、最高裁、平成七年の大法廷判決において、民法第九〇〇条第四号ただし書は、法律上の配偶者との間に出生した嫡出である子の立場を尊重するとともに、嫡出でない子の立場にも配慮して、嫡出でない子に嫡出である子の二分の一の法定相続分を認めることにより法律婚の尊重と嫡出でない子の保護との調整を図ったもので、合理的な根拠があって、特に不合理な差別ではないという趣旨の判断を示しております。判例としてはこの判決が現在でも生きているというふうに認識をしております。したがって、民法第九〇〇条第四号ただし書の規定は、現時点においては憲法第一四条第一項に違反するものではないと考えております。／さはさりながら、国際的に嫡出である子と嫡出でない子の法律上の取扱いに差を設けない国が多くなってきているところでありますし、また委員のような御意見も大変増えてきております。しかし、この問題が婚姻制度や家族の在り方、特に我が国の家族の在り方と関連する重要な問題であることにかんがみまして、これから国民の御議論が深まっていくのを見守りたいというふうに思っております。」と答弁した。

4 まとめ

今回の国籍法改正は、最高裁の違憲判決を受けたもので、多数意見の判断をほぼそのまま受け入れたものとなっている。しかし、罰則規定の新たな制定は、最高裁の違憲判決をそのまま受け入れた場合に発生しうる偽装認知などの問題点を回避するため、国会や法務省独自の判断で追加したものである。また、届出による国籍取得に関し新たな要件を設けなかったのは、最高裁の多数意見に単に従ったのではなく、法務省で検討した結果である。そうであれば、この国籍法改正は、最高裁の違憲判決を踏まえつつも、そこに国会や法務省独自の判断を加えた拡張型の法改正であり、国会が最高裁に単に服従しているわけではないと評価できる。その意味でこの法改正は最高裁と国会との対話の結果の拡張型の法改正と評価しうる。ただ、罰則規定が設けられた理由が憲法上の理由ではなく技術的な理由と考えられるため、憲法に関する実質的な対話が行われたとは評価しがたい。

しかし、国会議員の中には、最高裁の多数意見の違憲判断を国民の社会通念を根拠に批判したり、多数意見が国籍付与を認めた点を憲法上の三権分立に基づき批判するものがあった。これは、国会と最高裁との実質的な憲法的対話の萌芽と言えるかもしれない。

また、非嫡出子の相続差別問題も国会審議で取り上げられてはいたが、民法九〇〇条四号ただし書の改正には至っていないため、今回の国籍法改正がもつ拡張型の性質は限定的なものであった。

この問題に関連し、国籍法二条一号が憲法一四条一項に違反するか否かが争われた最二小判平成一四年一一月二二日（判時一八〇八号五五頁）は、国籍法二条一号は憲法一四条一項に違反しないと判示したが、五人の裁判官のうち三人の補足意見（亀山補足意見、梶谷・滝井補足意見）は、結論に直接関係しないが、国籍法三条の違憲の疑いを示唆した。それに対し国会は何の対応もしなかった。しかし、平成二〇年の違憲判決後、国会は迅速に法改正した。国籍法三条に関しては、国会の適切な対応をもたらし、対話を実現させたものは、最高裁の補足意見で示唆される違憲の疑いではなく、多数意見の明示的な違憲判決であった。

第六章　最高裁と国会との対話が実現しなかった例

1　非嫡出子の相続差別に関する対話の不成立

ここでは、非嫡出子の相続分を嫡出子のそれの二分の一と規定する民法九〇〇条四号ただし書の合憲性に関する判例の流れを概観する。最高裁の個別意見の中には、民法九〇〇条四号ただし書の合憲性に疑いがあることを指摘し、国会の対応を求めているものがあり、そこには対話の可能性が十分にあった。しかし、国会はなんら対応をとらなかったため、対話は実現していない。

(1)　平成七年大法廷決定（最大決平成七年七月五日民集四九巻七号一七八九頁）

①　**多数意見（合憲判断）**

多数意見は、国会は相続制度をどのように定めるのかについて広い立法裁量をもつことと、民法九〇〇条の法定相続分の定め（以下「本件規定」）は、法定相続分のとおりに相続が行われなければならない旨を定めたものではなく、遺言による相続分の指定がない場合などにおいて補充的に機能する規定であることを指摘し、違憲審査の基準として、「本件規定における嫡出子と非嫡出子の法定相続分の区別は、その立法理由に合理的な根拠があり、かつ、その区別が右立法理由との関連で著しく不合理なものでなく、いまだ立法府に与えられた合理的な裁量判断の限界を超えていないと認められる限り、合理的理由のない差別とはいえず、これを憲法一四条一項に反するものということはできない」という緩やかな合理性の基準を採用し、当該規定を憲法一四条一項に違反しないと判示した。

② **補足意見（多数意見に同意）**

園部裁判官が同調した大西裁判官の補足意見は、①「本件規定の対象とする非嫡出子の相続分をめぐる諸事情は国内的にも国際的にも大幅に変容して、制定当時有した合理性は次第に失われつつあり、現時点においては、立法府に与えられた合理的な裁量判断の限界を超えているとまではいえないとしても、本件規定のみに着眼して論ずれば、その立法理由との関連における合理性は、かなりの程度に疑わしい状態に立ち至ったものということができる。」、②「本件規定の合理性を検討するに当たっては、非嫡出子の相続分を嫡出子の相続分と平等とした場合、配偶者その他の関係人の利益を保護するための措置が必要かどうか等を含め、相続、婚姻、親子関係等の関連規定との整合性をも視野に入れた総合的な判断が必要であるといわなければならない。／以上の点を考慮すると、立法政策として改正を検討することはともかく、現時点においては、本件規定が、その立法理由との関連において、著しく不合理であるとまでは断定できないというべきである。」と述べ、当該規定の違憲の疑いを示しつつ、国会に対し、「立法政策として改正を検討すること」を弱い形で求めた。

また、千種・河合裁判官の補足意見は、「本件規定も制定以来半世紀を経る間、非嫡出子をめぐる諸事情に変容が生じ、子の権利をより重視する観点からその合理性を疑問とする立場の生じていることは、理解し得るところである。しかしながら、これに対処するには、立法によって本件規定を改正する方法によることが至当である。」と述べ、法律の合憲性に対する疑いを示唆しつつ、国会に対して法改正などの対応を直接的ではあるが弱く促した。

③　反対意見（違憲判断）

五人の裁判官による反対意見は、当該規定を憲法一四条一項に違反し無効であると断ずる。

この決定では、一五人の裁判官のうち、五人は違憲判断を、そして四人は違憲の疑いを示している。このように本決定では、九人の裁判官によって違憲判断または違憲の疑いが指摘され、国会に対する間接的または直接的な法改正の要請が含まれていた。

(2)　平成一二年判決（最一小判平成一二年一月二七日判時一七〇七号一二一頁）

多数意見は、民法九〇〇条四号ただし書を合憲とした。

しかし、藤井裁判官の補足意見は、当該規定の「合理性に疑いを向ける意見が徐々に顕著となってきた」ことを指摘した後で、「本件規定が制定後の事情の変化により現在では憲法上容認し得ないと評価されるとしても、そのような評価に至った時点、すなわち合憲から違憲へと飛躍的な移行を裏付ける劇的な社会変動をどこに捕らえるかは、甚だ困難である。／法律制定後の社会事象の変動、国民の意識の変化に対処するには、国会の立法作用により、制度全般の中で関係規定との整合性に留意しつつ、明確な適用基準時を定めて法改正を行うことが最も望ましく、むしろそれによってこそ適用範囲に疑義を容れない適切な処理が可能となるものと考える……。本件規定は、相続法の中の一規定で、国民に広く関わりを持ち、極めて幅広い影響を及ぼすものであるだけに、混乱を避け、法的安定を損なわない配慮が是非とも必要である。」と述べ、最後に、「私は、本件規定につき、現時点において違憲判断をすることが相当であるとはいえず、立法府による改正を待たなければならないと考えるものである。」と締めくくる。これは、当該規定の合憲性に疑問を投げかけ、国会の対応を比較的弱い形で直接要請するものである。

この判決には、当該規定を違憲とする遠藤裁判官の反対意見が付されているため、五人の裁判官のうち、一人が違憲判断、一人が違憲の疑いを示唆する。

(3)　平成一五年三月二八日判決（最二小判平成一五年三月二八日判時一八二〇号六二頁）

多数意見は、民法九〇〇条四号ただし書を合憲とする。

それに対し、当該規定を憲法一四条一項に違反すると断ずる梶谷・滝井両裁判官の反対意見は、「家族関係及び相続をめぐる近時の社会状況の変化は、国内外において著しいものがあり、この傾向は、上記大法廷決定が出された平成七年以降も、嫡出子と非嫡出子の区別をなくしていくことを求める方向に進んでいることが明らかである。そして、この変化が、本件のような相続分の違いをもたらしている規定の改正を促す大きな理由になっているものと考えられる。国内においては、法務大臣の諮問機関である法制審議会が平成八年二月に答申した『民法の一部を改正する法律案要綱』において民法九〇〇条四号ただし書の改正の方向が示されているし、国際社会においては、国際連合の人権委員会が、市民的及び政治的権利に関する国際規約四〇条に基づき我が国から提出された第四回報告を検討した上で、平成一〇年一一月に同委員会で採択された最終見解において、前回の検討に続いて改めて、我が国の相続権に関する婚外子差別について引き続き懸念を有し、同規約二六条に従い、すべての児童は平等の保護を与えられるという立場を再確認し、我が国が民法九〇〇条四号を含む法律の改正のために必要な措置をとるよう勧告しているのである。／また、今日、国際化が進み、価値観が多様化して家族の生活の態様も一様でなく、それに応じて両親と子供との関係も様々な変容を受けている状況の下においては、親が婚姻という外形を採ったかどうかということその子自らの力によっては決することのできない事情によってその相続分に差異を設けることに格別の合理性を見いだすことは一段と困難となっているのである。」と説示する。

この反対意見は、政府の法制審議会が平成八年二月に民法九〇〇条四号ただし書を改正する旨の答申をしたが、その後法案が国会に提出されることなく判決時に至り、非嫡出子の相続分差別の問題解消については、その後これを推進しようとする政治的動きは特段見られていなかった状況をふまえて、違憲の結論を導いているが、これは、国会が法改正の機会をもちながらも、それを実行しなかった点を重視したものと理解できる。

この判決では、五人の裁判官のうち二人が違憲判断を示している。

(4)　平成一五年三月三一日判決（最一小判平成一五年三月三一日判時一八二〇号六四頁）

多数意見は、民法九〇〇条四号ただし書が憲法一四条一項に違反しないと判示した。

それに対し、島田裁判官の補足意見は、「少なくとも現時点においては、本件規定は、明らかに違憲であるとまではいえないが、極めて違憲の疑いが濃いものであると考える。」と指摘し、続いて、「ただ、本件規定は、相続制度の一部分を構成するものとして、国民の生活に不断に機能しているものであるから、これを違憲としてその適用を排除するには、その遡及効や関連規定との整合性の問題等について十分な検討と準備が必要である。それなしに直ちに違憲無効の判決をすると、大きな混乱を招いて法的安定性が著しく損なわれることは避けがたい……。私は、現在本件規定が明白に違憲の状態に立ち至っているものとまではいえない以上、それを押してまで今直ちに違憲無効の判決を出すことについては、やはり躊躇せざるを得ない。……ただし、上記のように本件規定が極めて違憲の疑いの濃いものであることに加えて、［平成七年（筆者注）］大法廷決定から約半年後には、法制審議会により非嫡出子の相続分を嫡出子のそれと同等にする旨の民法改正案が答申されていること、今や世界の多くの国において法律上相続分の同等化が図られていること、国際連合の人権委員会が市民的及び政治的権利に関する国際規約四〇条に基づき我が国から提出された報告に対して示した最終見解においても、相続分の同等化を強く勧告していること等にかんがみ、本件規定については、相続分を同等にする方向での法改正が立法府により可及的速やかになされることを強く期待するものである。」と説示する。これは、当該規定の違憲の疑いを強く指摘し、かつ、国会に対し相続分を同等にする方向での法改正を直接的に強く要請するものである。

深澤裁判官の反対意見は、「本件規定は、親族、相続制度の一部を構成するものであるから、これを違憲無効とするときは、混乱を招き、法的安定性を損なうおそれがあることは否定できない。しかし、最高裁判所の違憲判決が社会的に大きな影響を及ぼすことは、その性質上、避け難いところであって、違憲判決の結果、新たな対応をする必要が生じた場合には、関係機関が速やかに適切な措置をとるべきことは、憲法が最高裁判所に違憲立法審査権を付与した当然の帰結というべきものであり、そのことをもって違憲立法審査権の行使が制約されると考えるのは相当でない。」と述べる。違憲判決後の政治部門の適切な対応は、憲法が最高裁に違憲審査権を付与した当然の帰結であるとの考えは、日本国憲法の下で最高裁と政治部門との対話を必然的なものと理解する対話理論に親和的である。

本判決には、泉裁判官の反対意見もあり、五人の裁判官のうち二人が違憲判断、一人が違憲の強い疑いを示し、僅差での合憲判決であった。

⑸　平成二一年決定（最二小決平成二一年九月三〇日判時二〇六四号六一頁）

多数意見は、民法九〇〇条四号ただし書を合憲と判断する。

しかし、竹内裁判官の補足意見は、「少なくとも現時点においては、本件規定は、違憲の疑いが極めて強いものであるといわざるを得ない。」と述べ、「立法府が本件規定を改正することが強く望まれていると考える」としつつも、続けて、「なお、私が以上に述べたところは、立法による解決が望ましいという考えであって、立法による解決が望ましいことを理由に最高裁判所は違憲の判断をすることを差し控えるべきであるという趣旨でないことはいうまでもない。」と付け加える。これは、違憲の疑いを強く示し、かつ、国会の対応を直接的に強く求めるものである。

今井裁判官の反対意見は、「このように本来立法が望ましいとしても、裁判所が違憲と判断した規定について、その規定によって権利を侵害され、その救済を求めている者に対し救済を与えるのは裁判所の責務であって、国会における立法が望ましいことを理由として違憲判断をしないことは相当でない。」との考えを示し、「非嫡出子の相続分が嫡出子のそれと差があることの問題性は、古くから取上げられ、昭和五四年には、法制審議会民法部会身分法小委員会の審議を踏まえて、『非嫡出子の相続分は嫡出子のそれと同等とする』旨の改正要綱試案が公表されたが、改正が見送られた。さらに平成六年に同趣旨の改正要綱試案が公表され、平成八年二月の法制審議会総会において同趣旨の法律案要綱が決定され、法務大臣に答申されたが、法案の国会提出は見送られて、現在に至っている。前記［平成七年（筆者注）］大法廷決定の当時は、改正要綱試案に基づく審議が法制審議会において行われており、改正が行われることが見込まれていた時期であった。ところが、法制審議会による上記答申以来十数年が経過したが、法律の改正は行われないまま現在に至っているのであり、もはや立法を待つことは許されない時期に至っているというべきである。」と述べる。ここには、はじめは立法府による法改正に期待し、あえて違憲判決を避けることも許される場合があるが、その後立法府が適切な対応をしない場合は、裁判所による違憲判決も必要となるとの考えが示されている。

本決定では、四人の裁判官のうち、一人が違憲の疑いを強く示し、一人の裁判官が違憲判断を示した。

報道によれば、本決定後、千葉法務大臣は、現時点では本件規定は違憲の疑いが強いという補足意見が付されたことにつき、民法改正を強く促す意見として重く受け止めたい旨を述べ、法改正に前向きに取り組む姿勢を示した。しかし、平成二五年三月末の時点でも、国会は民法九〇〇条四号ただし書を改正していない。

(6)　まとめ

判例の流れから以下の点を指摘することができる。すなわち、①補足意見が違憲の疑いを示す方法には、違憲の疑いを弱く示唆するものと強く指摘するものがある、②補足意見による国会の対応の求め方にも、単に国会の対応の必要性を指摘する比較的弱いものと、法改正を直接的に強く求めるものがある、③補足意見は、はじめは国会の対応に期待し、違憲の疑いの弱い示唆と法改正の弱い要請を示していたが、国会の対応がないため、違憲性を強く指摘し、法改正を直接的に強く要請する方向に変化した。

平成二五年三月末の時点でも、国会は民法九〇〇条四号ただし書を改正していないため、この件については、最高裁と国会との対話は実現していない。その理由の一つは、平成七年大法廷決定の多数意見が、国会に広い立法裁量を認め、その後の判例もそれに従っているため、最高裁の多数意見はあくまでも広い立法裁量を前提とする合憲判断であると国会が理解しているためであると考えられる。そうであれば、この問題に関しては、補足意見による違憲の疑いの示唆や法改正の要請、あるいは、反対意見による違憲判断は、国会の対応をもたらし、対話を実現させることに成功していない。やはり、対話の実現には、多数意見による明示的な違憲判決が必要である。

2　合憲限定解釈による対話の失敗

かつての関税定率法二一条一項三号は、輸入禁制品として、「公安又は風俗を害すべき書籍、図画、彫刻物その他の物品」を掲げ、その輸入を禁止していた。札幌税関事件判決（最大判昭和五九年一二月一二日民集三八巻一二号一三〇八頁）では、この規定に掲げる貨物に関する税関検査による輸入規制が、憲法二一条一項の表現の自由の保障に反しないかなどが主要な争点となった。

多数意見は、①「関税定率法二一条一項三号にいう『風俗を害すべき書籍、図画』等との規定を合理的に解釈すれば、右にいう『風俗』とは専ら性的風俗を意味し、右規定により輸入禁止の対象とされるのは猥褻な書籍、図画等に限られるものということができ、このような限定的な解釈が可能である以上、右規定は、何ら明確性に欠けるものではなく、憲法二一条一項の規定に反しない」、②「『風俗を害すべき書籍、図画』等の中に猥褻物以外のものを含めて解釈するときは、規制の対象となる書籍、図画等の範囲が広汎、不明確となることを免れず、憲法二一条一項の規定の法意に照らして、かかる法律の規定は違憲無効となるものというべく、前記のような限定解釈によって初めて合憲なものとして是認し得る」、③「『風俗を害すべき書籍、図画』等とは、猥褻な書籍、図画等を指すものと解すべきであり、右規定は広汎又は不明確の故に違憲無効ということはできず、当該規定による猥褻表現物の輸入規制が憲法二一条一項の規定に違反するものでない」と判示した。これは、法律の意味を限定的に解釈することによりその法律が違憲と判断されることを避ける合憲限定解釈をしたものであるが、右の②は合憲限定解釈をしない場合当該規定が違憲になることを明言する。

それに対し、伊藤裁判官、谷口裁判官、安岡裁判官、島谷裁判官の反対意見は、(a)「風俗を害すべき書籍、図画」等との規定は、「不明確であると同時に広汎に過ぎるものであり、かつ、それが本来規制の許されるべきでない場合にも適用される可能性を無視し得ないと考えられるから、憲法二一条一項に違反し、無効である」、(b)「『風俗を害すべき書籍、図画』等を猥褻表現物に限るとする解釈は」、合憲限定解釈の「限界を超えるものというべきであるのみならず、右のような解釈が通常の判断能力を有する一般人に可能であるとは考えられない。」、(c)「表現の自由を規制する法律の規定が明確かどうかを判断するには、より明確な立法をすることが可能かどうかも重要な意味を持つと解されるが、多数意見のいうように、同号の『風俗を害すべき書籍、図画』等という規定が猥褻表現物の輸入のみを規制しようとするものであるとするならば、右規定を『猥褻な書籍、図画』等と規定することによってより明確なものにすることは、立法上容易なはずである。この点からみても、表現の自由の事前規制の面をもつ同号の右規定が憲法上要求される明確性を充たしたものであるとはいい難く、これに限定解釈を加えることによって合憲とするのは適切でない。」と説示する。

多数意見②の違憲の警告と、反対意見(c)を合わせ読むと、合憲限定解釈の判決にも、国会に対する法改正を求めるメッセージが含まれる場合があることに気づく。しかし、当該規定は、関税定率法二一条に規定されていた時も、現在の関税法六九条の一一の第七号の規定でも「公安又は風俗を害すべき書籍、図画、彫刻物その他の物品」のまま、改正されていない。したがって、合憲限定解釈によって法律の合憲性を肯定すると、対話が実現しない可能性が高い。やはり対話を実現させるためには、多数意見による明示的な違憲判断が必要である。

第七章　最高裁と地方公共団体との対話

1　建設的な憲法的対話の実例

空知太神社事件は、砂川市が所有する土地を神社施設の敷地として無償で使用させていることは、政教分離原則に違反する行為であり、敷地の使用貸借契約を解除し同施設の撤去および土地明渡しを請求しないことが違法に財産の管理を怠るものであるとして、原告らが、砂川市長に対し、右怠る事実の違法確認を求めた事案である。

(1)　最高裁判決の内容

平成二二年大法廷判決（最大判平成二二年一月二〇日民集六四巻一号一頁）の多数意見は、砂川市の所有する土地を神社施設の敷地として無償で使用させていることは憲法八九条、二〇条一項後段に違反すると判示し、続いて、①違憲状態の解消には神社施設を撤去し土地を明け渡す以外にも、本件の土地を譲与し、有償で譲渡し、または適正な時価で貸し付けるなどの適切な手段があり得ること、②市長には諸般の事情を考慮に入れて相当と認められる方法を選択する裁量権があることを指摘し、本件利用提供行為の違憲性を解消するための他の手段の存否などについて更に審理を尽くさせるため、本件を原審に差し戻した。

(2)　判決後の対応

この判決を受けて、砂川市の担当者は、判決の二日後の平成二二年一月二二日、氏子総代長と面談し、市としては平成二二年大法廷判決によって示された方法により解決を図りたい旨を申入れるとともに、地域としての意見の取りまとめを依頼した。氏子総代長は、氏子集団の役員などや関係する町内会の会長らと協議を重ねた上、三月一九日、市の担当者に対し、神社施設を存続させる方向でまとまりつつあること、神社の財政上、問題となっている土地の買取りは不可能であり、賃借する場合でも極力面積が小さくなるように配慮してほしいこと、地神宮については「地神宮」の文字を削り「開拓記念碑」に彫り直す方針である事などを伝えた。これに対し、市の担当者は、問題となっている祠を鳥居の北側に移設して敷地を縮小する場合には、例えば面積を二〇坪とすれば賃料を年四万六千円程度に抑えることができるとの見通しを伝えた。三月二六日、氏子総代長は、市の担当者に対し、三月一九日に市と協議した方法による神社の存続につき氏子集団の役員会において意思確認がされた旨を告げた。

このような協議を経て、砂川市長は、問題となっている利用提供行為の違憲状態を解消するために次のような手段（以下「本件手段」）、すなわち、①問題となっている建物につき神社の表示を撤去する、②地神宮につき「地神宮」の文字を削り宗教的色彩のない「開拓記念碑」などの文字を彫り直す、③祠は建物内から取り出し鳥居の付近に設置し直す、④鳥居および祠の敷地として鳥居があり国道に面する部分五二平方メートルを砂川市公有財産規則に基づく適正な賃料（年額三万五千円程度）で氏子集団の氏子総代長に賃貸する、⑤賃貸予定地についてはロープを張るなどその範囲を外見的にも明確にする措置を施す、をとる方針を策定し、平成二二年七月九日の差戻し後の口頭弁論期日でこれを表明した。

氏子総代長は、平成二二年七月一六日、市の担当者に対し、祠の移設のために必要な費用および本件地神宮の文字の彫り直し費用については神社側が負担することで了解済みである旨を述べた。氏子総代長および他の地域住民は、その後、神社の表示を撤去するとともに、建物内に保管されていた神社に関連する物品などを全て地域住民宅に移動した。

(3)　差戻し後の裁判所の判断

差戻し後の控訴審判決（札幌高判平成二二年一二月六日民集六六巻二号七〇二頁）は、市長が提案する本件手段は、本件利用提供行為の違憲性を解消する手段として合理的で現実的なものであり、当該手段を市長が提案している以上、市長において本件神社物件の撤去および土地明渡しを請求しないことを、市長の財産管理上の裁量権を逸脱または濫用するものと評価することはできず、よって、本件利用提供行為の現状は違憲状態ではあるが、市長において、これを解消するために本件神社物件の撤去および土地明渡請求をしないことは、地方自治法二四二条の二第一項三号所定の「財産の管理を怠る事実」には該当しないと判示した。

差戻し後の上告審判決（最一小判平成二四年二月一六日民集六六巻二号六七三頁）も全員一致の意見で、「本件手段は、本件利用提供行為の前示の違憲性を解消するための手段として合理的かつ現実的なものというべきであり、市が、本件神社物件の撤去及び本件土地1の明渡しの請求の方法を採らずに、本件手段を実施することは、憲法八九条、二〇条一項後段に違反するものではない」と判示した。

(4)　建設的な憲法的対話

この一連の流れには、①最高裁による違憲判断と違憲状態を解消するための複数の手段の例示、②違憲判決を受けて市側が関係者と協議し、実現可能な違憲性解消手段を決定する、③その手段の合憲性を再度最高裁が審査し、合憲と判断する、という要素がある。これはまさに、最高裁と地方公共団体による憲法に関する対話が実現した事例である。特に、右の②では、市側が手段選択に関し裁量権をもち、関係者と協議して、実現可能な手段を決定しているため、市側の対応は最高裁の判断に単に服従しているわけではなく、市と関係者の主体的な判断も含まれている。また、右の③は、市側の対応内容を合憲と判断している。そのため、この対話は、憲法に関する最高裁と砂川市との建設的な対話と評価できる。

このような憲法的対話を可能とした要因の一つに、最高裁が、違憲状態を解消するための方法を複数例示し、それを受けて砂川市が関係者と協議して実現可能な方法を作成することができたことをあげることができる。

2 合憲限定解釈による対話の失敗

広島市暴走族追放条例事件（最三小判平成一九年九月一八日刑集六一巻六号六〇一頁）では、公園など公共の場所における暴走族等による集会等を規制する広島市暴走族追放条例（以下「本条例」）の罰則規定の合憲性が争われた。

本条例二条七号は、暴走族につき、「暴走行為をすることを目的として結成された集団又は公共の場所において、公衆に不安若しくは恐怖を覚えさせるような特異な服装若しくは集団名を表示した服装で、い集、集会若しくは示威行為を行う集団をいう。」と定義し、一六条一項は、「何人も、次に掲げる行為をしてはならない。」と定め、その一号として「公共の場所において、当該場所の所有者又は管理者の承諾又は許可を得ないで、公衆に不安又は恐怖を覚えさせるようない集又は集会を行うこと」を掲げる。そして、一七条は、「前条第一項第一号の行為が、本市の管理する公共の場所において、特異な服装をし、顔面の全部若しくは一部を覆い隠し、円陣を組み、又は旗を立てる等威勢を示すことにより行われたときは、市長は、当該行為者に対し、当該行為の中止又は当該場所からの退去を命ずることができる。」とし、本条例一九条は、この市長の命令に違反した者は、六月以下の懲役又は一〇万円以下の罰金に処すると規定する。

本件では、本条例の規定の文言が不明確で、規制対象が広範に過ぎ、本条例による集会の規制が憲法二一条と憲法三一条に違反するか否かが主な争点となった。

多数意見は、「なるほど、本条例は、暴走族の定義において社会通念上の暴走族以外の集団が含まれる文言となっていること、禁止行為の対象及び市長の中止・退去命令の対象も社会通念上の暴走族以外の者の行為にも及ぶ文言となっていることなど、規定の仕方が適切ではなく、本条例がその文言どおりに適用されることになると、規制の対象が広範囲に及び、憲法二一条一項及び三一条との関係で問題があることは所論のとおりである。」と指摘しつつも、「本条例が規制の対象としている『暴走族』は、本条例二条七号の定義にもかかわらず、暴走行為を目的として結成された集団である本来的な意味における暴走族の外には、服装、旗、言動などにおいてこのような暴走族に類似し社会通念上これと同視することができる集団に限られるものと解され、したがって、市長において本条例による中止・退去命令を発し得る対象も、被告人に適用されている『集会』との関係では、本来的な意味における暴走族及び上記のようなその類似集団による集会が、本条例一六条一項一号、一七条所定の場所及び態様で行われている場合に限定されると解される。／そして、このように限定的に解釈すれば、本条例一六条一項一号、一七条、一九条の規定による規制は、……いまだ憲法二一条一項、三一条に違反するとまではいえない」と判示した。

このような合憲限定解釈に対し、藤田裁判官の反対意見は、「私もまた、法令の合憲限定解釈一般について、それを許さないとするものではないが、表現の自由の規制について、最高裁判所が法令の文言とりわけ定義規定の強引な解釈を行ってまで法令の合憲性を救うことが果たして適切であるかについては、重大な疑念を抱くものである。本件の場合、広島市の立法意図が多数意見のいうようなところにあるのであるとするならば、『暴走族』概念の定義を始め問題となる諸規定をその趣旨に即した形で改正することは、技術的にさほど困難であるとは思われないのであって、本件は、当審が敢えて合憲限定解釈を行って条例の有効性を維持すべき事案ではなく、違憲無効と判断し、即刻の改正を強いるべき事案であると考える。」と説示する。

また、田原裁判官の反対意見も、「本条例は、その規定の文言からして、通常の判断能力を有する一般人にとって、多数意見が述べるような限定解釈をすべきものと理解することは著しく困難であり、それに加えて、……その保護法益ないし侵害行為と規制される自由との間に合理的均衡を著しく欠いているものと言わざるを得ないのであって、かかる点からしても本条例の合憲性を肯定することはできない。」と述べる。

多数意見が、本条例の規定の仕方が適切ではなく、本条例がその文言どおりに適用されることになると、憲法二一条一項および三一条との関係で問題があることを指摘したこと、藤田反対意見が、より適切な形に条例を改正することは技術的にさほど困難ではないことを理由に違憲判断をして即刻の条例改正を強いるべきことを強調していることをふまえると、本判決にも、広島市に対する条例改正の要求が含まれていたことが理解できる。

しかし、当該条例はこれまで改正されていない。最高裁の多数意見に「規定の仕方が適切ではなく」と、また、藤田裁判官の反対意見に「本条例の粗雑な規定の仕方が、単純に立法技術が稚拙であることに由来する」と指摘されても、広島市は条例改正を行っていない。やはり、この問題でも、多数意見による明示的な違憲判断がなければ対話は実現しないのである。

第八章　日本における対話の特徴と対話の必然性

1　対話の特徴

これまでの分析で明らかなように、日本においても、最高裁と国会や政治部門との対話のみならず、最高裁と地方公共団体との対話が実際に行われている。最高裁と国会や政治部門との対話には、最高裁の違憲判決⇩国会による法改正という一回的な対話と、最高裁による違憲判決⇩国会による法改正⇩改正後の法律の違憲審査⇩更なる法改正という継続的な対話の二種類がある。

対話における最高裁の特徴を大まかに捉えると、①対話過程の初期段階では、国会の自主的対応に期待し、違憲判断を避けたり、違憲判決を出す場合でも国会に対するインパクトの少ない事情判決などを選択するが、その後国会が適切な対応をしない場合、違憲無効判決などより厳しい内容の判決を出す傾向、②最高裁が国会に対して法改正を求めるやり方も、はじめは間接的な要請を用いるが、その後国会が十分な対応をしない場合、直接的な要請へと変化する傾向、がある。これは、対話の具体的内容に応じて、憲法判断の結論や違憲判決の効力といった判決内容や法改正の要請の仕方が、相関的に、変化することを示している。

それに対し、対話における国会の対応の仕方には、以下のような大まかな特徴がある。すなわち、(a)国会は、多数意見による明示的な違憲判決には原則として迅速に対応するが、多数意見が合憲判断であれば、補足意見が違憲の疑いを示したり、反対意見が違憲判断をしても、国会は対応しない傾向が強い、(b)国会が違憲判断に対応する際、国会自身の憲法論を自覚的に展開することはほとんどなく、国会における憲法論議は不十分である、(c)国会の対応の多くは、違憲性を解消するための必要最小限の服従型であるが、中には、最高裁の憲法判断の枠内で違憲判決とは異なる立法的対応をする拡張型のものもある、(d)ただし、国会議員の中には最高裁判決を明示的に批判するなど、最高裁と異なる憲法論を展開し、対向型の対応をとる可能性を示すものもある。

行政府はこれまで最高裁の違憲判決に迅速に対応してきた。

地方公共団体は、最高裁の明示的違憲判決には迅速に従うが、合憲限定解釈によって条例改正の必要性が示唆されても対応しない傾向がある。最高裁と地方公共団体との建設的な憲法的対話が実現した要因は、最高裁が、違憲状態を解消するための方法を複数例示し、それを受けて地方公共団体が関係者と協議して実現可能な方法を作成することができたことである。

日本において対話が実現している重要な要因は、国会、行政府、地方公共団体が、最高裁の違憲判決を尊重し、違憲判決の趣旨に沿った対応をとることが必要であるという考えが共有されていることである。

以上をふまえると、日本においては、最高裁と国会や政治部門あるいは地方公共団体との対話を実現するためには、違憲性の示唆や合憲限定解釈ではなく、最高裁の多数意見で明示的な違憲判決を出すことが必要である。その際、最高裁が、違憲判断の具体的基準を示したり、違憲性を解消するための方法に関し一定の指針を示すことは、実質的で建設的な対話を促進させる効果があると考えられる。

2 対話の必然性

(1) 対話は不可欠

本書は、法の支配の要請の下、最高裁の違憲判決に他の国家機関が憲法上拘束されるとの立場をとる。しかしこのことは、人権保障や憲法的価値の実現が最高裁の違憲判決のみで完成することを意味しない。以下で説明するように、人権保障や憲法的価値の実現には、最高裁と国会や政治部門との対話という相互作用が不可欠である。

この点に関連し、衆議院定数訴訟に関する平成五年大法廷判決（最大判平成五年一月二〇日民集四七巻一号六七頁）の園部裁判官の意見は、最高裁の違憲「警告的判断がされた場合、国会は、憲法上の秩序を適正に維持するため、これに速やかにかつ誠実に対処して、その憲法上の責務を果たすべきものである」と述べ、違憲警告判決を受けた場合の国会の対応が憲法上の責務であることを指摘する。また、同判決の橋元裁判官の反対意見は、「違憲審査制度は、究極において、司法判断を立法府、行政府が尊重しこれに協力することによってその実効性が確保されるべきものである」ことを強調する。さらに、民法九〇〇条四号ただし書の合憲性に関する最高裁の平成一五年判決（最一小判平成一五年三月三一日判時一八二〇号六四頁）の深澤裁判官の反対意見は、「違憲判決の結果、新たな対応をする必要が生じた場合には、関係機関が速やかに適切な措置をとるべきことは、憲法が最高裁判所に違憲立法審査権を付与した当然の帰結というべきもの」であると述べる。

(2)　人権や統治規定の性質

人権の種類や性質によっては、人権保障を裁判所の違憲審査のみでは実現できず、裁判所と国会や政治部門との相互作用によってはじめて実現できるものがある。例えば、憲法二五条が保障する生存権は、生活保護法などの法律が制定されてはじめてその具体的な保障内容が決まると考えられている（国会の第一次的対応の必要性）。その法律の一部または全部が最高裁により違憲と判断されれば（最高裁の違憲審査）、法律によりその具体的保障内容が決まるという生存権の性質上、必ず法律の改正などの国会の対応（国会の第二次的対応）が必要となる。このように法律の制定を必要とする人権としては、社会権以外にも財産権、裁判を受ける権利、参政権などがある。

また、平等権の救済にも、違憲判決後の国会の第二次的対応が不可欠となる場合もある。例えば、Aというグループに一万円の補助金を与え、Bというグループには二万円の補助金を与える法律が平等権を侵害し憲法一四条に違反すると最高裁が判断した場合、両方のグループに五千円、一万円または二万円など金額にかかわらず補助金を平等に与えることでも、また、両グループに補助金を与えないという対応でも、違憲性を解消することができる。そのため、国会は、そもそも補助金が必要か否か、必要であればいくらの補助金が適切なのかなどの判断をしたうえで、平等の要請を満たす対応を複数の選択肢の中から決定する必要がある。

さらに、参議院定数訴訟に関する平成一二年大法廷判決（最大判平成一二年九月六日民集五四巻七号一九九七頁）の福田裁判官の追加反対意見が指摘するように、「憲法の保障する基本的人権は、憲法に『法律による』と記されているか否かを問わず、ほとんどの場合法令によってその内容が具体化されているのが現実」であるとすれば、表現の自由などの自由権についてもそれを具体化する法制度が整備されていれば、それに関する違憲判決にも、国会の第二次的対応が必要となる場合も考えられる。

人権規定のみならず、国会・内閣・裁判所などに関する憲法の統治規定の場合、法律（国会の第一次的対応）が制定されなければ制度そのものが具体化しないため、統治規定に関する法律などの違憲判決の後も国会の第二次的対応が不可欠となる。

(3)　違憲審査の性質

対話の必然性は、違憲審査の性質によっても説明することができる。すなわち、日本で行われている違憲審査は、具体的な民事裁判や刑事裁判の判決を出すうえで必要な憲法判断を行う付随的違憲審査制であると理解されている。そこで行われる裁判所の違憲判断は、特定の時期の、特定の事実関係や特定の法律の規制制度などを前提に、特定の法律の条文などが憲法に違反するか否かを判断するものである。そして、前提となる事実関係や法律の規制制度が変われば、憲法判断の内容が変わる可能性が高くなる。そうであれば、ある法律を違憲とする最高裁の判断が示された場合、違憲性を解消するために国会がとりうる方法には、違憲とされた条文を削除したり、修正することのみならず、当該条文が置かれた規制制度の枠組みを部分的に修正したり、全面的に改正することも、あるいは、規制対象について新たな立法事実を収集し、それに適合的な規制制度を新設することなど、さまざまな選択肢がある。このような多様な対応の中から一定の内容を決定するのが国会の責務であると同時に権限であり、これはまさに違憲判決後の国会の対応の必要性、すなわち対話の必然性を示している。

(4)　三権分立

このような対話の必然性は、より一般化すると、日本国憲法が、最高裁に司法権と違憲審査権とを付与しつつも、立法権を国会に、行政権を内閣にそれぞれ配分するという三権分立を採用した当然の結果である。

このように日本国憲法は、人権保障や憲法的価値の実現といった憲法保障のため、最高裁と国会や政治部門との対話を不可欠のものと想定している。したがって、違憲審査を研究する際も、このような対話を自覚的な分析対象とすることは日本国憲法の必然的な要請でもある。

続く第三部では、対話的違憲審査の理論が要請する理論と制度とを明らかにする。

第三部　対話的違憲審査理論の要請

第九章　要請される理論

対話を実現・促進させるためには、最高裁の違憲判決に国会や政治部門など他の国家機関が法的に拘束されることを認める必要がある。この問題は従来、違憲判決の効力として論じられてきた。

1　違憲判決の効力

(1)　通説的理解＝個別的効力プラス

最高裁の違憲判決の効力に関する通説的見解は、日本の違憲審査制が具体的な裁判の解決に必要な範囲で憲法判断を行う付随的違憲審査制であることと、法律の存在を最終的に失わせる権限をもつのは国会であるという憲法四一条から、違憲判決の効力は当該裁判の当事者に対してのみ及ぶという個別的効力説に立ちつつも、立法府および行政府は最高裁の違憲判決を十分尊重することが要求されると説明する。有力学説は、立法府は違憲と判断された法律を改廃する義務を負い、行政府もその法律を執行しない義務を負うが、その義務は、違憲判決の直接的帰結として要求されているものではなく、憲法上の大原則である法の支配によって当然に要求されているものと理解する。

(2) 新たな理論

本書は、最高裁の違憲判決の効力を検討する際、具体的訴訟事件の判決主文の効力と判決の理由中における違憲判断の効力とを区別し、また、違憲とされた法律が有効か無効かという実質的効力と法律が改廃されたか否かという形式的効力とを区別する。そして、最高裁の違憲判決の効力に関しては以下のように考える。

第一に、具体的訴訟事件の当事者に対する判決主文の効力は、原則として、当該当事者にのみ及ぶ。例えば、判決主文における、被告人を無罪とする判断や、原告の請求を認容するなどの判断は、判決理由中に違憲判断があったとしても、当該当事者にのみ及ぶ。これは通常の判決の効力の問題である。

第二に、判決理由中の違憲判断が訴訟当事者にのみ及ぶ（個別的効力）のか、それとも訴訟当事者を超えて一般的に及ぶ（一般的効力）のかは、違憲判断の方法に依存する。例えば、最高裁が、特定事件の具体的事実関係を考慮することなく、問題となっている法律の条文の解釈に基づいて、その合憲性を審査する文面審査をしたうえで、当該条文を文面上違憲であると判断した場合、その違憲判断の効力は一般的に及ぶと考えられる。反対に、当該事案に特殊な事情をふまえてその事案限りの事例判断として、問題となっている法律を当該事案に適用する限りで違憲と判断した場合、その違憲判断は当該事案の当事者に対してのみ及ぶと考えられる。これは、憲法八一条のいう「一切の法律、命令、規則又は処分が憲法に適合するかしないかを決定する権限」の中の「決定」の含意として構成することができる。

第三に、最高裁は、違憲判決の効力の及ぶ範囲、または、違憲判決の効力の発生時期を、判決の中で自ら決定することができる。これも、憲法八一条の「決定」の含意として構成できる。

第四に、ある法律の条文が一般的効力をもちうる形で最高裁により違憲と判断された場合、違憲と判断された当該条文は、原則として、一般的に効力を失うが（違憲判決の実質的効力）、法律としての形式的存在を改廃するのは国会の役割である（違憲判決の形式的効力）。

第五に、違憲判決の効力が一般的に及ぶと解される場合、立法府は違憲と判断された法律を改廃する義務を負い、行政府もその法律を執行しない義務を負う。第四のように一般的に違憲と判断された法律はその実質的効力を失い、それを執行することは法的には不可能となるが、法律が形式的に存在しているため、このような義務を明示する必要がある。それ以外にも、立法府や行政府には、違憲判決の趣旨に従い適切な対応をとる義務がある。

第六に、第五の義務は、憲法上の原則である法の支配から要請される憲法上の義務である。この義務の憲法上の根拠は、憲法八一条、九八条一項、九九条である。

第五と第六に関連し、衆議院定数訴訟に関する平成五年大法廷判決（最大判平成五年一月二〇日民集四七巻一号六七頁）の園部裁判官の意見は、最高裁の違憲「警告的判断がされた場合、国会は、憲法上の秩序を適正に維持するため、これに速やかにかつ誠実に対処して、その憲法上の責務を果たすべきものである」と述べ、違憲警告判決を受けた場合の国会の対応が憲法上の責務であることを指摘する。また、民法九〇〇条四号ただし書の合憲性に関する最高裁の平成一五年判決（最一小判平成一五年三月三一日判時一八二〇号六四頁）の深澤裁判官の反対意見は、「違憲判決の結果、新たな対応をする必要が生じた場合には、関係機関が速やかに適切な措置をとるべきことは、憲法が最高裁判所に違憲立法審査権を付与した当然の帰結というべきもの」であると述べる。

このように考えると、最高裁の違憲判決を受けて、国会や政治部門は違憲状態を解消するために必要かつ適切な対応をとる憲法上の義務を負うことになり、対話が成立するための理論的前提が整う。実際、日本において対話が実現したのは、国会、行政府、地方公共団体が、最高裁の違憲判決を尊重し、違憲判決の趣旨に沿った対応をとる必要があるという考えを共有していたためである。

2　国会や政治部門の憲法上の義務

対話を実現・促進させるためには、法律制定に関する国会の第一次的対応と、違憲判決を受けた後の国会の第二次的対応に関する憲法上の要請を明確にする必要がある。

(1)　法律制定に関する憲法上の義務

憲法上、人権保障が原則であり人権制約が例外であること、また、人権を制約するためには法律による制約を要請する法律の留保をふまえると、国会は、人権を制約する場合、法律を制定し、かつ、かかる人権制約立法が憲法上正当化される根拠を示す憲法上の義務を負うことになる。

また、財産権、社会権、裁判を受ける権利、選挙権のように法律の制定や法律による制度の構築がなければ人権を行使したり、人権を具体的に保障することができない性質をもつ人権に関しては、国会はそれらの人権を実効的に保障するための法律を制定し、制度を構築する憲法上の義務を負う。

この点に関連し、参議院定数訴訟に関する平成一六年大法廷判決（最大判平成一六年一月一四日民集五八巻一号五六頁）の四人の裁判官による補足意見2は、憲法四七条の下の選挙制度に関する立法裁量について、「ここでの立法裁量権の行使については、憲法の趣旨に反して行使してはならないという消極的制約が課せられているのみならず、憲法が裁量権を与えた趣旨に沿って適切に行使されなければならないという義務もまた付随しているものというべきである。」と説示する。また、衆議院定数訴訟に関する平成一九年大法廷判決（最大判平成一九年六月一三日民集六一巻四号一六一七頁）の四裁判官の見解も、国会が「選挙制度の仕組みを定めるに当たっては、憲法の要請する投票価値の平等を実現するように配慮しなければならず、投票価値の平等に反する制度は、合理的な理由のない限り、憲法に違反するといわなければならない。」と述べる。

このことをより一般化すれば、人権の内容を具体化したり、人権行使の前提となる制度を構築する際、国会はその人権を憲法が保障した趣旨に従い、人権を実効的に保障するための法律を制定し、制度を構築する憲法上の義務を負う、と定式化することができる。

(2) 違憲判決を受けた後の法改正などの憲法上の義務

ある法律を違憲とする最高裁判決が出された場合、国会や政治部門はその違憲判決に従い、法改正などの適切な対応をする憲法上の義務を負うことになる。その際、国会には三つの選択肢がある。第一は、最高裁の違憲判決の内容に即して法律を改廃する服従型の対応である。第二は、違憲と判断された法律を改廃しつつも、改正後の法律に必要な他の手段などを国会独自の判断で加える拡張型の対応である。第三は、最高裁の違憲判断に対向する方法である。最高裁の違憲判決には憲法上の拘束力があるため、国会は最高裁の判決を無視したり、それを直接覆すことは許されない。しかし、国会は最高裁の違憲判決の射程を実質的に狭めることはできる。例えば、最高裁がある法律の立法目的と立法手段をそれぞれ違憲と判断した場合、国会は同じ目的と手段を用いて同じ内容の法律を再度制定することは憲法上許されない。しかし、別の立法目的を掲げ、別の立法手段を用いて、違憲と判断された法律に類似する効果を伴う法律を制定することは、最高裁の違憲判決の趣旨に反しない限り、憲法上可能となる。このような法律は、「対向的立法」または「回避的立法」

といえる。この場合、最高裁と国会との実質的な憲法的対話が求められているため、国会は特に説得的な正当化理由を十分な立法事実に基づいて明確に示す必要がある。

　国会が法律を制定・改廃する場合に、その合憲性の理由を、十分な立法事実に基づいて明確に示すことができれば、その法律の合憲性を審査する最高裁は、国会が示す合憲性の理由をふまえて、質が高く、説得力のある憲法判断をすることができる。これは実質的な憲法的対話に不可欠な要素である。

3　最高裁と国会や政治部門とのダイナミックな関係

　対話理論は、最高裁と国会や政治部門との関係をダイナミックな相互作用の中でとらえることを要請する。この点に関して、平成二〇年の国籍法違憲判決（最大判平成二〇年六月四日民集六二巻六号一三六七頁）における泉裁判官の補足意見、今井裁判官の補足意見、藤田裁判官の意見には、①最高裁が違憲判決をした後、国会は最高裁の違憲判決の趣旨に反しない限り、判決内容と異なる立法をすることが憲法上可能である、②このように考えることができるから、仮に、違憲性の解消方法に複数の選択肢があったとしても、一定の救済を最高裁が命じても、必ずしも、立法裁量の侵害とはならない、③司法権と立法権との関係を考える場合も、最高裁の違憲判決の後の国会の対応の可能性をふまえて考察すべきである、との考えが示されている。

最高裁と国会や政治部門との関係をダイナミックにとらえることの効果として、(a)最高裁は、最高裁が過去にどのような判決を出し、それに対し国会がいかに対応してきたのか、すなわち、最高裁と国会との対話の具体的内容を考慮して、憲法判断をすることが憲法上正当化される場合がある、(b)最高裁は、国会に対して事後的な対応の余地を残せば、違憲判断に加えて、一定内容の立法的対応を国会に要請することも憲法上正当化される場合がある、(c)違憲性を解消する方法に複数の選択肢がある場合であっても、最高裁が一定の救済を命じることも憲法上正当化される場合がある、(d)最高裁の判決内容が立法権の侵害となるか否かの問題は、固定的に判断されるべきではなく、最高裁と国会との対話の一連の過程の中で相関的に判断されるべきである、などを指摘しうる。

最後の(d)に関し補足すると、最高裁が一定内容の法律制定を国会に要請したり、一定の救済を命じることが常に立法権の侵害と考えるべきではなく、例えば、最高裁が国会との対話の初期段階に、国会の自主的対応に期待し、国会の対応について広範な裁量を残したにも関わらず、国会が適切な対応を十分にとらず、黙過することのできない憲法違反の状態が発生した場合、最高裁は国会に対し一定の方向性を示して対応を求めることも憲法上正当化される場合があると考えられる。つまり、一定内容の判決が常に立法権の侵害になると考えるのではなく、対話過程の中に位置づけて相関的に評価すべきことになる。

4　違憲審査の民主的正当性

対話的違憲審査の理論は、違憲審査の民主的正当性の問題の再検討を迫る。

(1)　違憲審査は民主主義に反するか

「違憲審査は民主主義に反するか」という問いの立て方は、憲法八一条の規定をもつ日本国憲法においては、少なくとも以下の二つの観点から、必ずしも適切かつ十分なものとはいえない。

第一に、憲法が国民主権原理を採用し、民主主義を国政の基本原理としつつも、憲法八一条が違憲審査権を明示的に規定したことの意義は、最高裁が憲法の観点から国会の民主的判断の誤謬を是正することにある。つまり、違憲審査は、はじめから国会の民主的判断にブレーキをかけるための安全装置として制度設計されているのであり、それは民主主義に反する要素をもつからこそ、その存在意義があるのである。そうであれば、問われるべきは、違憲審査は民主主義に反するかではなく、日本国憲法の下において違憲審査権はどの程度民主主義に反する運用が許されるのかであろう。

第二に、違憲審査の民主的正当性に関する従来の議論は、最高裁の判決時を基準に時間の流れを止めて、最高裁と国会との関係を静止画のように静態的にとらえる傾向があった。そこでは、違憲審査と民主主義との緊張関係が過度に強調される可能性がある。しかし、対話理論のように最高裁と国会との関係を時間の流れの中で動画のように動態的にとらえると、最高裁の判断は、必ずしも、憲法問題を最終的に決定する「最後の言葉」とはならない。そうであれば、従来の議論が前提としてきた違憲審査と民主主義との緊張関係の内実や程度はより緩和されたものとなり、従来の議論は再検討を迫られることになる。

したがって、日本国憲法の下において違憲審査権はどの程度民主主義に反する運用が許されるのかを問う場合も、また仮に、違憲審査は民主主義に反するかという問いを再度立てるとしても、対話の視点をふまえて再検討する必要がある。

(2) 新たな理論

① 違憲審査制と民主主義

対話理論と日本国憲法の制度的枠組みをふまえると、違憲審査の民主的正当性の問題は以下のように考えることができる。すなわち、最高裁が法律の違憲判決を下す際、法律のどの要素が憲法に違反するのかを具体的に示し、国会が違憲性を解消する際の指針などを示す。それをうけて国会は法律を改正するか、新たな法律を制定するかなどを判断する。その際、国会は、最高裁の違憲判決の趣旨に反しない限り、独自の憲法判断に基づいて、違憲判決の内容とは異なる法改正をすることも許されており、違憲判決に服従する以外にも、拡張型や対向型の選択肢が国会には残されている。そして、国会が最高裁に違憲とされた法律と類似する法律を対向型の対応として制定したとしても、その合憲性は後に最高裁が審査することができ、必要であれば最高裁が判例変更する可能性も残されている。このような対話の過程を見れば、憲法問題を最終的に決定する最後の言葉を誰が述べることができるのかについては確定しないことになる。

このように、対話的違憲審査の理論によると、①事後的に国会が対応することのできる余地を残せば、最高裁の違憲判決は、憲法問題に関する最終的決定ではない、②最高裁の違憲判決は、憲法的対話を促進し、国会の更なる対応を引き出すための契機となるため、国会の民主的判断を全否定するものではない、さらに、③国会の示す憲法論が説得力をもつものであれば、それをふまえた判例変更の可能性もあり、その場合、国会の民主的判断が最高裁によって肯定されることになる。加えて、最高裁の判断に対しては、最高裁判所裁判官の国民審査による一定の民主的コントロールが及びうるし、国会の対応に対しても、選挙による直接的な民主的コントロールが及ぶ。このように考えると、かなり迂遠で間接的な要素もあるが、憲法問題に関する最後の言葉を述べることができるのは最終的には主権者である国民であるということになり、違憲審査の制度それ自体は、これまで指摘されてきたほど、民主主義に反するものではないのである。

②　違憲審査権の運用の仕方と民主主義

違憲審査権の運用の仕方についても、対話理論をふまえると、最高裁が積極的に違憲判決を出す司法積極主義的な運用に対しては、国会が独自の憲法論を積極的に展開する立法府積極主義によって対向することが可能であり、国会の憲法論に説得力があれば、判例変更の可能性もあるため、司法積極主義が必ずしも民主主義に反する程度が高いわけではないのである。

また、最高裁が違憲判決を出すことに消極的な態度をとる司法消極主義的な運用から司法積極主義的な運用への変化も、必ずしも反民主的要素が多いとはいえない。すなわち、対話の初期段階では、国会の自主的対応に期待して最高裁が司法消極主義的な態度を示すが、その後国会が適切な対応をとらない場合、最高裁が司法積極主義的な姿勢に変わるということは、最高裁が過去に国会に対し自主的対応の機会を与えているため、必ずしも反民主的程度が高いとはいえない。加えて、最高裁の違憲判決が、国会や国民の間での憲法論議を活性化する契機となり、憲法問題に関する民主的討議を促進させるという効果も考えられる。

そうであれば、対話の視点から見る違憲審査は、制度それ自体においても、また、その運用においても、民主主義に反する要素は従来指摘されてきたほど多くはなく、かつ、民主主義に反する程度もかなりの程度低いと評価できる。もちろん、対話的違憲審査の理論は違憲審査の民主的正当性に関する難問をすべて解決することはできない。しかし、この理論は、少なくとも、従来指摘されてきた違憲審査の民主的正当性に関する疑義をかなりの程度軽減し、違憲審査権の行使を今以上に積極的にすることを正当化する理論なのである。

5　司法積極主義の再評価

(1)　より厳格な違憲審査の要請

対話的違憲審査の理論に従えば、違憲審査の民主的正当性の問題は従来指摘されてきたほど重大なものではなく、かつ、違憲の疑いを示唆する最高裁からの弱いメッセージに対し国会はほとんど対応しない日本の現状をふまえると、人権保障や憲法的価値をより確実に実現するためには、最高裁は、違憲の疑いではなく、明示的な違憲判断を示すことにより、国会との対話を現状以上に促進させる必要がある。そしてそのためには、最高裁は、より厳格な違憲審査をすべきこととなる。具体的には、立法事実をふまえた審査密度の濃い、より厳格な審査方法や、違憲判断の基準や考慮要素をできるだけ具体的に示し、可能な場合、違憲性を解消するための手段について一定の指針などを示すような判決を出すことなどが最高裁に求められる。

(2)　最高裁と国会や政治部門との連携

最高裁がより厳格な違憲審査を行う場合、原則として、政治的インパクトの大きさを考慮して違憲判決を出すことをためらう必要はない。同様に、非嫡出子の相続差別問題のように家族に関する法制度の体系全体にかかわる検討や法改正が必要であることを理由に、違憲判決を避ける必要性も原則的にはない。なぜなら、①違憲判決の政治的インパクトの大きさは、政治部門の迅速な対応を強く要請する要素にすぎず、事後対応は政治部門の憲法上の責務であり、②違憲判決の政治的インパクトを和らげる、無効の効果を伴わない違憲宣言判決や将来効判決などの手法により、最高裁が違憲性を決定し、事後処理を国会に委ねることが可能だからである。

この点に関連して、民法九〇〇条四号ただし書の合憲性に関する最高裁の平成一五年判決（最一小判平成一五年三月三一日判時一八二〇号六四頁）の深澤裁判官の反対意見は、当該規定は、「親族、相続制度の一部を構成するものであるから、これを違憲無効とするときは、混乱を招き、法的安定性を損なうおそれがあることは否定できない。しかし、最高裁判所の違憲判決が社会的に大きな影響を及ぼすことは、その性質上、避け難いところであって、違憲判決の結果、新たな対応をする必要が生じた場合には、関係機関が速やかに適切な措置をとるべきことは、憲法が最高裁判所に違憲立法審査権を付与した当然の帰結というべきものであり、そのことをもって違憲立法審査権の行使が制約されると考えるのは相当でない。」と述べ、違憲判決のインパクトが大きいことを理由に違憲審査権の行使を制約することは許されないことを強調する。

最高裁に求められているのは、違憲判決の事後処理全てについて見通しを得た上で違憲判決を出すことではなく、憲法の客観的要請、訴訟当事者の司法的救済の必要性などを考慮し、また、違憲判決により生じ得る混乱などを最小限にする工夫を加えて、それらの要請を満たす違憲判決の手法を創造的に開発・採用し、その後の問題解決を国会や政治部門に委ねることである。言い換えると、人権保障や憲法的価値の実現にとって必要なことは、問題解決の全責任を最高裁が負うことではなく、最高裁の違憲判断と国会や政治部門による事後処理との連携である。

(3)　違憲性の客観的判断と違憲判決の効力や救済方法との区別

最高裁と国会や政治部門が連携する場合、最高裁は、違憲＝無効という等式から離れて、違憲性の客観的判断と違憲判決の効力や救済方法とを区別し、前者の判断はより積極的に行いつつも、後者の判断では、憲法の枠内で国会や政治部門が事後処理を行いやすいような配慮の下、違憲判決の効力や救済方法を柔軟に決定することが求められる。この点、定数訴訟の最高裁判決が事情判決の手法を採用し、すでに違憲＝無効という等式から離れて、違憲判決の多様な効力を模索しつつあることは積極的評価に値する。

これに関連して、最高裁の多数意見は、最高裁判決に対する国会の具体的対応を合憲判断を導くための要素として考慮する傾向がある。実際、カナダにおける対話理論の中には、違憲判決後に国会が改正した法律の合憲性は比較的緩やかに審査すべきことを示唆するものもある。

しかし、対話による人権保障や憲法的価値の実現を重視する観点からすると、違憲性の客観的判断の段階では、原則として、できる限り客観的な基準に従って違憲性の判断を行うべきで、「違憲性のラインを少し越えてはいるが、最高裁判例をふまえて国会が努力したから今回は合憲と判断する」といったいわば「努力賞」的判決は許されない。このような場合、むしろ「最高裁判例をふまえて国会が努力したとしても、結果的に違憲性のラインを少しでも越えているのであれば違憲と判断する」と判示すべきである。結果的に違憲性のラインを越えているのであれば、それは国会の対応の不十分さを示すものととらえ、違憲判決を導く要素とすべきである。

それに対し、違憲判決の効力や救済方法を決定する段階では、国会や政治部門の対応の余地を残すため、無効判決、違憲宣言判決、将来効判決などの中から最高裁が比較的柔軟に選択することも許される。

このように、最高裁が積極的に違憲判決を出しつつ、国会や政治部門の対応の余地を残すことによって、国会などの対応を引き出すことは、対話を実現・促進するためには不可欠のものである。

第一〇章　要請される制度

1　最高裁に求められるもの

(1)　対話を促進するための手法

最高裁は、今後、対話を促進させるための手法をより多く開発・採用することが求められる。具体的には、①対話を促す違憲判決（立法手段を違憲とする判断方法、違憲判断の基準や考慮要素をできるだけ具体的に示し、可能な場合、違憲性を解消するための方法について一定の指針などを示す方法など）、②対話の余地を残す違憲判決の効力（違憲確認判決、将来効判決など）、③対話を迫る人権の救済方法（違憲の法律を合憲とするために必要な要件を条文の中に読み込む合憲補充解釈と将来効判決の組み合わせなど）、などに関し多様で新たな手法を開発・採用することが求められる。

また最高裁は、(a)国会などとの対話の初期段階に違憲・無効判決を出さず国会などの自主的対応に期待する手法、反対に、(b)対話の初期段階に違憲判決を出し国会などの迅速な対応を求める手法、(c)対話の初期段階に違憲・無効判決を出さず国会などの自主的対応に期待するが、その後国会などの対応が不十分な場合、より厳しい内容の違憲判決を出し、国会などの対応を求める手法に加え、(d)最高裁が国会などに対して法改正を間接的に要請する方法と直接的に要請する方法などを、事情に応じて適切に使い分けることが求められる。

さらに、最高裁の憲法判断については、現状以上に詳細な理由づけが求められる。この点、最高裁判決を理解するうえで有用な情報や説明などを調査官解説に語らせるのではなく、判決文で語るように、現状を修正する必要もある。

必要に応じ、最高裁が新たな手法を採用することを明示的に認めるための法整備も要請される。

(2)　違憲審査における主張・立証責任

違憲審査における対話を促進させるためには対話のルールを明確にする必要がある。その一つが、違憲審査における主張・立証責任の問題である。これは、裁判所が法律などの違憲審査を行う場合、誰が、何を、どの程度まで主張し、立証すべきなのかに関するルールである。

例えば、裁判所が法律の合憲性を審査する場合、当該法律が違憲であると主張し、その根拠となる立法事実などの必要な情報を裁判所に提出する者と、反対に、当該法律を合憲であると反論し、その根拠を裁判所に示す者が、真剣に議論を戦わせることによって、争点が明確になり、判断に必要な情報もそろうため、裁判所は、質の高い、説得力のある憲法判断を示すことができる。そのため、法律の違憲性を主張し、その根拠を示すべき者と、それに反論すべき者とを、明確にする必要がある。これが違憲審査における主張・立証責任の問題である。

① **従来の議論状況**

日本では、違憲審査における主張・立証責任について必ずしも十分な議論が行われているとはいえない。その理由の一つは、法律の合憲性に関する判断は裁判所の職権事項、すなわち、当事者の主張や立証にかかわらず、裁判所が独自に判断すべき事柄であるため、通常の民事裁判におけるような主張・立証責任は妥当しないと考えられているためである。しかし、対話的違憲審査の理論は、違憲審査において国側が法律などの合憲性を主張・立証することを最高裁と国側との対話の重要な要素と考えるため、国側の主張・立証責任を要請する。そのため、違憲審査における国側の主張・立証責任についても対話理論の観点から再検討が迫られる。

通説的な学説が唱えるアメリカ由来の違憲審査基準論では、裁判所が法律などの合憲性を判断するための違憲審査基準は、一番厳しい「厳格な基準」（法律などが違憲と判断されやすい基準）、一番緩やかな「合理性の基準」（法律などが合憲と判断されやすい基準）、その中間の「厳格な合理性の基準」に分類される。そして、合理性の基準が適用される場合は法律の違憲性を主張する側がその主張・立証責任を負い、厳格な合理性の基準や厳格な基準が適用される場合は、国側が法律の合憲性についての主張・立証責任を負うことになる。そこには、人権制約の認定と人権制約の正当性審査とを区別する視点はない。

② 二段階審査と主張・立証責任の配分

しかし、日本国憲法の下、一方で、人権保障が原則であり人権制約が例外であること、人権制約の合憲性を支える立法事実などは国会や政府がほぼ独占していること、他方、国会が制定した法律は合憲であるという推定が働くと通常考えられていることを総合すれば、違憲審査を、少なくとも、①人権制約の有無の判断と、②人権制約の正当性の判断の二段階に分け、①の段階では人権制約を主張する当事者がその主張・立証責任を負い、②の段階では人権制約の正当性を主張する当事者および国側がその主張・立証責任を負うと考えるべきである。

③ 判例にみる国側の主張・立証責任

最高裁の多数意見や個別意見を見ると、違憲審査における国側の主張・立証責任に明示的に言及するものや、それを示唆するものが多くある。

衆議院定数訴訟の昭和五一年大法廷判決（最大判昭和五一年四月一四日民集三〇巻三号二二三頁）の多数意見が採用した、①投票価値の不平等の程度、②合理的期間という違憲審査基準のうち、①は、投票価値の不平等が一般的に合理性を有するものとは考えられない程度に達しているときは、国会の合理的裁量の限界を超えているものと推定され、「このような不平等を正当化すべき特段の理由が示されない限り」、憲法違反と判断するというものであり、実際、最大較差約一対五を「正当化すべき特段の理由をどこにも見出すことができない以上」、違憲状態になっていたと判断した。これは、不合理な投票価値の不平等を正当化すべき理由を国側が示すべきことを示唆していると考えられる。

この点、衆議院定数訴訟に関する昭和五八年大法廷判決（最大判昭和五八年一一月七日民集三七巻九号一二四三頁）の中村裁判官の反対意見は、本件選挙当時、最大較差は一対三・九四に達し、それは国会の裁量権の行使として容認しうる限度を大きく超えており、「かかる結果を正当化すべき事由についての主張立証のない本件においては」、右較差は違憲状態になっていたと説示する。これは、「主張立証」という概念を用いて国側の正当化事由の「主張立証」責任を明示するものとして注目に値する。同様に、谷口裁判官の反対意見は、本件選挙当時の議員定数配分規定は、「これを正当化する特別の主張、立証のない本件においては」、違憲状態になっていたと述べるが、これも国側の正当化事由の「特別の主張、立証」責任を明示している。

また、衆議院定数訴訟に関する平成二三年大法廷判決（最大判平成二三年三月二三日民集六五巻二号七五五頁）の田原裁判官の反対意見は、「国会が、その裁量権の行使に当たり、あえて『投票価値の平等に一定の限度で譲歩を求め』る場合には、積極的にその合理的理由を明示して国民の理解を得る義務が存するといえるところ、次に検討する一人別枠方式を含めて、国会は、従前から、投票価値の平等に譲歩を求めるに足りる合理的理由を積極的に明示することはなかった。」と説示する。これは、憲法の要請に反する立法措置をする場合、国会は国民に対し、積極的にその合理的理由を明示する説明責任があることを示しているが、この説明責任は、違憲審査における国側の主張・立証責任に発展する可能性がある。

参議院定数訴訟の昭和五八年大法廷判決（最大判昭和五八年四月二七日民集三七巻三号三四五頁）の谷口裁判官の意見は、①逆転現象の場合、もはや投票価値の平等の原理が全く考慮されていない状態になっているといわざるをえないのであり、「このような場合についても、なお投票価値の著しい不平等の状態を生じさせる程度に達せず、国会の裁量権の許容限度を超えて違憲の問題を招くに至っていないといいうるためには、被上告人側において特段の主張立証を必要とする」、②「特に顕著な逆転関係」が生じている場合につき、「被上告人側において前記特段の主張立証のない本件においては、議員定数の配分について著しい不平等の状態を生じ、国会の裁量権の許容限度を超えていたもの、すなわち憲法違反の状態を生じていたものというべきである。」と説示する。右の①は、被上告人の大阪府選挙管理委員会に「特段の主張立証」責任を課し、②では、その主張立証責任が果たされない場合の効果として違憲状態の判断を導く。

参議院定数訴訟の平成一八年大法廷判決（最大判平成一八年一〇月四日民集六〇巻八号二六九六頁）における滝井裁判官の反対意見は、「参議院においても二倍を超える較差が生じるような方法を選ぶことは本来的に正当性を持ち得ない」が、「もし、それを正当化する理由があるとすれば国会においてそれを国民に理解し得るように提示し、その司法審査が可能なようにすべきものである」と述べ、憲法の平等原則から離れる場合、国会にはそれを正当化する義務があり、その正当化根拠を国民に示し、裁判所はその正当化根拠について違憲審査すべきことを強調する。これも、違憲審査における国側の主張・立証責任を示している。

同じく参議院定数訴訟の平成二一年大法廷判決（最大判平成二一年九月三〇日民集六三巻七号一五二〇頁）の田原裁判官の反対意見は、本件選挙における最大較差一対四・八六という投票価値の不平等について、「本件選挙時点においては、各選挙区間における投票価値に著しい不平等が生じるに至っているが、その不平等が許容される合理的な理由が国会から国民に示されたことは一度もない。そして、その著しい投票価値の不平等について、合理的に説明することができない以上、その不平等は、憲法一四条の趣旨に反し、違憲状態にあるとの評価を受けざるを得ない」と指摘する。ここには、①国会は投票価値の不平等を正当化しうる根拠を国民に説明する義務を負う、②国会はそのような正当化根拠を国民に説明したことはない、③投票価値の不平等について合理的に説明できない以上違憲状態にある、という考えがある。これも、違憲審査において、国側が投票価値の不平等の正当化根拠について主張・立証責任を負うが、その責任を果たさない場合違憲状態と判断される、とするものである。

④　**主張・立証責任の性質**

法律の合憲性に関する判断は裁判所の職権事項であることと、違憲審査の機能には、訴訟当事者の人権保障のみならず、客観的な憲法秩序の維持も含まれることを前提にすれば、法律の合憲性を、主張・立証責任が果たされたかどうかという点のみで決めることは相当ではない。その意味で、違憲審査における主張・立証責任の問題は、通常の民事裁判におけるそれとは異なる性質をもつことは否定できない。

しかし、違憲審査における主張・立証責任を明確化することは、具体的事実に基づく憲法判断に不可欠な、争点の明確化、争点に対する十分な議論、判断に必要な司法事実（具体的事案において誰が、どこで、何をしたのかなどの事実）と立法事実（法律の必要性や合理性を支える社会的、経済的、科学的な諸事実）の収集などをより確実に実現するために必要かつ有効である。

そうであれば、違憲審査における主張責任は、主に、憲法問題に関し自己の主張を展開するいわば争点形成・展開責任であり、また立証責任は、司法事実や立法事実を裁判所に提出するいわば証拠提出責任であると考えられる。ただし、主張・立証責任を果たさないことのみに基づいて法律の合憲性が決せられるわけではなく、結論は裁判所の判断に委ねられる。つまり、ここでの主張・立証責任は、裁判所の憲法判断を、より多くの具体的事実に基づき、十分な議論をふまえた、説得力のある質の高いものにするための補助責任または協力責任と理解することができる。もちろん、国側の主張・立証責任は、人権制約が憲法上許される理由を国民に示す説明責任という側面もあることは注意を要する。

このように考えれば、ひとたび人権制約が認定されれば、当該法律などは、訴訟手続上、一応違憲性の推定を受けるため、いかなる厳格度の審査を行うにしても、裁判所は人権制約の正当性を支える立法事実などをふまえて判断すべきで、立法事実の存在を推定することは、原則として、許されないのである。緩やかな違憲審査が行われる場合でも、国側は立法事実などを提出する義務を負い、裁判所は当事者などにより提出されまたは公知の立法事実などをふまえて憲法判断すべきこととになる。違憲審査の緩やかさは、立法事実の存在を推定することにより実現すべきものではなく、立法事実が人権制約を正当化するかどうかに関する立法府の判断に対して敬譲を示すことによって実現すべきである。そもそも立法事実が存在しない場合は緩やかな違憲審査を行っても合憲性を支持することはできないのである。

対話のルールとしての違憲審査における主張・立証責任を明確にする判例法の形成や法整備が要請される。

(3)　私人間の憲法訴訟に対する国の訴訟参加

通常の民事訴訟のように私人対私人の訴訟で法律などの合憲性が争われる場合もある（以下「私人間の憲法訴訟」）。これまで国はそのような訴訟に関与することはほとんどなかった。しかし、対話的違憲審査の理論は、私人間の憲法訴訟においても、最高裁と国側との対話の必要性から、何らかの形での国の訴訟参加を要請する。

この点、「国の利害に関係のある訴訟についての法務大臣の権限等に関する法律」の四条が、「法務大臣は、国の利害又は公共の福祉に重大な関係のある訴訟において、裁判所の許可を得て、裁判所に対し、自ら意見を述べ、又はその指定する所部の職員に意見を述べさせることができる。」と規定し、私人間の訴訟においても、国が意見を述べることが認められている。有力学説は、憲法秩序の形成にかかわる憲法訴訟は、四条のいう「国の利害又は公共の福祉に重大な関係のある訴訟」

に当たると説明する。しかし、この制度は憲法訴訟においてあまり活用されておらず、わずかに、昭和六二年の森林法違憲判決（最大判昭和六二年四月二二日民集四一巻三号四〇八頁）の時に、国が森林法一八六条を合憲とする意見書を最高裁に提出した例がみられる程度である。

私人間の憲法訴訟においては、当事者が立法事実論を展開することは困難な場合があるため、国（法務大臣）が意見を述べることを認めるこの制度は、憲法訴訟にとって意義のあることであり、この制度の有効な活用が期待されている。しかし、この制度でも、国の訴訟への関与は権利ないし義務とはされておらず、法律の合憲性が問題となった私人間の憲法訴訟で、国が制度的に合憲性の審査に関与する機会が保障されているわけではない。

そこで、私人間の憲法訴訟において国が関与するための制度の構築が求められる。この点、アメリカでは、私人間の憲法訴訟に対する国の関与が法律によって定められているが、その正当化根拠は、国が憲法問題については当事者とみなされることにある。また、ドイツでは、憲法裁判所による集中型の違憲審査制がとられているために、一般に当事者対立型の訴訟構造にはなっていないが、連邦やラントの関係機関が意見を述べる制度が定められており、実際に連邦憲法裁判所の判決形成や判決内容を高めることに重要な寄与をしている。

この点、カナダには、私人間の憲法訴訟における連邦および州の法務総裁の訴訟参加制度がある。これは、法律の合憲性が私人間の訴訟で争われる場合、その憲法上の争点に利害関係のある連邦または州の法務総裁に対し当該争点について通知し、法務総裁の訴訟参加を認める制度である。

この種の制度は、カナダ最高裁をはじめすべての州で採用されている。この制度は、憲法問題は特定私人がもつ私的利益を超える公共的利益に関連する問題であり、かつ、争点に関して意見を述べる機会を関係する政府に与えることによって公共的な利益を保護する必要があるという基本的理解に立脚している。現在では、法務総裁の訴訟参加制度は、裁判所と政府との憲法的対話を保障する制度として理解することもできる。

有力学説は、日本における制度として、①憲法上の争点の適正な判断のために、国側に主張・立証の機会を与えることが必要であると考えられるときには、行政事件訴訟法二三条、三八条に定める行政庁の訴訟参加の趣旨の類推により、裁判所のイニシアティブにより担当行政庁に当該訴訟の係属を告知し、その行政庁が参加を欲する場合にはこれを許可して、その機会を与える、②この手続は、最高裁判所の規則制定権の行使により設ける、ことを提言する。

各国の制度を参考にして、私人間の憲法訴訟において国が関与するための制度の構築が求められる。

(4)　違憲審査における利害関係のある私人の関与

裁判所で争われている憲法問題に関心をもつ私人が何らかの形でその訴訟に関与することは、国民などを含めた対話を求める対話的違憲審査の理論からも要請される。

この点、アメリカにおける「裁判所の友（amicus curiae）」が参考になる。裁判所の友は、裁判所に継続する事件について裁判所に情報または意見を提出する当事者以外の第三者を意味し、社会的、経済的、政治的に影響のある事件に利害関係のある個人、機関、組織などが裁判所の許可を得またはその要請によって裁判所に意見や情報などを提出する制度である。この制度を用いれば、利害関係のある法人や団体などが、違憲審査に関与することが可能となる。

また、カナダでは照会制度において利害関係のある私人や団体が裁判所に対し自己の主張を提出するための手続きが制度化されている。照会制度とは、政府が裁判所に対して法律の合憲性などの憲法問題について勧告的意見を求める制度である。この手続きにより、利害関係をもつ私人に対し照会における聴聞に関する通知が行われ、利害関係者が裁判所に対し自己の主張を提出する機会が保障されている。

各国の制度を参考にして、違憲審査に利害関係をもつ私人が何らかの形で関与するための制度を構築することが要請される。

(5) 統治規定に関する違憲審査の要請

① 統治規定の違憲審査

対話的違憲審査の理論は、最高裁と国会や政治部門との対話によって憲法保障が実現すると考える。そのため、対話の対象は、人権問題に限定されず、憲法に関するすべての問題が、原則として、対話の対象とならなければならない。

ところが、現行制度は、付随的違憲審査権の範囲をかなり狭くとらえているため、結果として、多くの統治規定に関する憲法問題は裁判所の違憲審査を免れている。しかしながら、統治規定も裁判所と国会との対話が求められる分野である。また、序章で示した法の支配の要請のうち、②国家行為の合憲性は最終的に最高裁が有権的に判断すべきである、③原則としてすべての国家行為は最高裁の違憲審査を免れてはならない、からすると、憲法の統治規定に関する憲法問題も最高裁の違憲審査に服する必要がある。

そこで、法の支配と対話理論の要請として、統治規定に関する憲法問題を裁判所の違憲審査に服させるための制度が必要となる。その場合、現行の制度が前提とする、憲法上の司法権＝事件性の要件＝法律上の争訟といった関係を見直し、憲法上の司法権の範囲をある程度拡大し、抽象的違憲審査に一定程度類似した訴訟形態を模索する必要がある。ここでは、先に触れたカナダにおける照会制度が、法の支配の要請を充たし、かつ、対話の手段として有効に機能しうることを指摘するにとどめる。

②　統治行為論の再評価

また、この問題との関連で、統治行為論の再評価が必要となる。統治行為論とは、外交問題や防衛問題のように高度の政治性のある行為を統治行為や政治問題と呼び、そのような問題は裁判所の違憲審査から除外すべきであるという理論である。

日米安全保障条約の合憲性などが争われた砂川事件判決（最大判昭和三四年一二月一六日刑集一三

巻一三号三二二五頁）で最高裁の多数意見は、安全保障条約は、「主権国としてのわが国の存立の基礎に極めて重大な関係をもつ高度の政治性を有するものというべきであって、その内容が違憲なりや否やの法的判断は、その条約を締結した内閣およびこれを承認した国会の高度の政治的ないし自由裁量的判断と表裏をなす点がすくなくない。それ故、右違憲なりや否やの法的判断は、純司法的機能をその使命とする司法裁判所の審査には、原則としてなじまない性質のものであり、従って、一見極めて明白に違憲無効であると認められない限りは、裁判所の司法審査権の範囲外のものであって、それは第一次的には、右条約の締結権を有する内閣およびこれに対して承認権を有する国会の判断に従うべく、終局的には、主権を有する国民の政治的批判に委ねらるべきものであると解するを相当とする。」と説示し、部分的に統治行為論を採用した。

また、衆議院の解散の合憲性が主な争点となった苫米地事件判決（最大判昭和三五年六月八日民集一四巻七号一二〇六頁）で最高裁の多数意見は、「直接国家統治の基本に関する高度に政治性のある国家行為のごときはたとえそれが法律上の争訟となり、これに対する有効無効の判断が法律上可能である場合であっても、かかる国家行為は裁判所の審査権の外にあり、その判断は主権者たる国民に対して政治的責任を負うところの政府、国会等の政治部門の判断に委され、最終的には国民の政治判断に委ねられているものと解すべきである。……衆議院の解散は、極めて政治性の高い国家統治の基本に関する行為であって、かくのごとき行為について、その法律上の有効無効を審査することは司法裁判所の権限の外にありと解すべき」であると説示し、統治行為論を採用した。

しかし、先にあげた法の支配の要請（特に③原則としてすべての国家行為は最高裁の違憲審査を免れてはならない）と、最高裁の憲法判断は憲法問題の最終的決定ではなく問題の最終的解決は国会や政治部門に委ねられているとする対話理論からすると、統治行為論を認めるべきか否かは再検討が必要となる。また、仮に統治行為論を認めたとしても、最高裁が最終的判断を主権者たる国民に委ねた場合、国会がその立場を国民に説明し、国民がそれに対して意思表示をする機会が与えられなければならないことを対話理論は要請するため、統治行為論を認めた判決後の政治プロセスも引き続き検討する必要がある。

2　国会や政治部門に求められるもの

対話的違憲審査の理論は、人権保障や憲法的価値の実現に関する国会や政治部門の役割も重視するため、国会や政治部門に対しても以下のような要請をする。

(1)　立法過程における憲法論議の活性化と質の向上

法律を制定する立法過程における国会の憲法論議の活性化と質の向上や、法律の合憲性根拠の明確化は、憲法的対話にとって不可欠である。ある法律を制定する際に憲法問題が取り上げられる場合、法案提出者はその合憲性の根拠を示し、国会はどのような根拠に基づいて当該法律を制定させせたのかについて、できるだけ明確にすることが求められる。その際、国会は、できる限りその時に利用可能な立法事実を示しながら審議する必要がある。仮に憲法問題に関する議論で合意が得られない場合でも、各議院の多数派は、どのような立法事実に基づき、どのような理由で当該法律の合憲性を承認したのかにつき、国民にできる限り明らかにしなければならない。これが、国会による第一次的対応であり、憲法的対話の始まりとなる。特に、人権制約的な法律を制定する場合、国会は、質の高い憲法論議を尽くすことが強く求められる。

この点、衆議院定数訴訟の平成二三年大法廷判決（最大判平成二三年三月二三日民集六五巻二号七五五頁）における田原裁判官の反対意見は、「国会が、その裁量権の行使に当たり、あえて『投票価値の平等に一定の限度で譲歩を求め』る場合には、積極的にその合理的理由を明示して国民の理解を得る義務が存するといえるところ、次に検討する一人別枠方式を含めて、国会は、従前から、投票価値の平等に譲歩を求めるに足りる合理的理由を積極的に明示することはなかった。」と述べ、憲法の要請に反する法律を制定する場合、国会は国民に対し、積極的にその合理的理由を明示する義務があることを強調する。

また、参議院定数訴訟の平成一八年大法廷判決（最大判平成一八年一〇月四日民集六〇巻八号二六九六頁）における滝井裁判官の反対意見は、「参議院においても二倍を超える較差が生じるような方法を選ぶことは本来的に正当性を持ち得ない」が、「もし、それを正当化する理由があるとすれば国会においてそれを国民に理解し得るように提示し、その司法審査が可能なようにすべきものである」と述べ、憲法の平等原則から離れる場合、国会にはそれを正当化する義務があり、その正当化根拠を国民に示し、裁判所はその正当化根拠について違憲審査すべきことを指摘する。

さらに、医薬品のネット販売の権利の確認などを求めた事件の控訴審判決（東京高判平成二四年四月二六日判タ一三八一号一〇五頁）は、インターネット販売を含む郵便等販売を利用した第一類・第二類医薬品の販売を禁止する規定は、「これによって憲法二二条一項において保障されている営業の自由に係る事業者の権利を制限するものであることからすると、その委任規定については、明確性が求められると同時に、委任規定の立法過程において、その制限される権利について合憲性の推定が働くような資料に基づく議論がされているべきである。」と説示し、国会が人権制約立法を制定する場合、その合憲性の推定が働くような立法事実に基づく国会審議を明示的に要請する。

しかし、現状の国会での審議を見ると、法律の合憲性の根拠となる立法事実などを明示的に示して法律の合憲性を十分に議論し、法律の合憲性の理由を明示的に示すことは、ほとんど行われていない。今後国会は、法律の合憲性の根拠を十分に示す質の高い憲法論議を行う必要がある。

(2)　違憲審査における国側の主張・立証責任

すでに指摘したように、違憲審査において、国側が問題となっている法律の合憲性を支持するための主張・立証を尽くすことは、当該法律の合憲性に関する最高裁と国側との対話と位置づけられる。そのため、違憲審査において、国側が、国会や政府が保有する立法事実や議事録などを用いて、合憲性の根拠を主張・立証する責任が導かれる。そのための法整備などが必要となる。

(3)　違憲判決後の法律制定・改正における憲法論議の活性化と質の向上

対話的違憲審査の理論は、違憲判決後の国会による法律改正などの際にも憲法論議の活性化と質の向上や、改正法の合憲性根拠の明確化を要請する。国会は、最高裁に違憲とされた法律を改廃する際、立法目的の重要性や手段の有効性を示す立法事実などを示し、かつ、当該改正法案が合憲と考えられる根拠を明示しつつ、質の高い憲法論議を行う必要がある。これは国会による第二次的対応として対話の主要な要素となる。

3　国民などに求められるもの

(1)　一般的要請

私人としての国民などは、国会や裁判所などにおける憲法論議を注視し、選挙、最高裁判所裁判官の国民審査、さらには世論形成などの場面で、国会や裁判所の憲法論の是非について自らの意見を表明することが望まれる。

国民などの憲法に関する意識が最高裁の憲法判断に影響を及ぼす可能性は、最高裁の裁判官自身が認めている。参議院定数訴訟に関する平成一六年大法廷判決（最大判平成一六年一月一四日民集五八巻一号五六頁）の深澤裁判官の追加反対意見は、「国民の投票価値の平等についての意識が高くなった」ことなどを根拠に、最大較差一対二の厳しい基準を提示する。また、参議院定数訴訟に関する平成一八年大法廷判決（最大判平成一八年一〇月四日民集六〇巻八号二六九六頁）の滝井裁判官の反対意見は、最大較差が五倍を超える状態が、「選挙価値の平等という憲法上の要請と調和すると考えることは国民の常識と合致するとは到底思えず、この較差は国民の平均的意識や法感情からみて既に許容限度を大きく超えているものといわざるを得ない」と述べ、国民の常識や法感情を援用する。さらに、衆議院定数訴訟に関する平成二三年大法廷判決（最大判平成二三年三月二三日民集六五巻二号七五五頁）の竹内裁判官の補足意見は、「国民の投票価値の平等についての要求の高まり」を、重要な考慮要素とする。

このように、最高裁の補足意見や反対意見は、国民の憲法に関する意識を考慮要素の一つとして憲法判断をする場合がある。そうであれば、国民が最高裁や国会の動向を注視し、その声を違憲審査や政治過程に反映させることは、一定の効果があるといえる。

先に指摘したように、裁判所の友や利害関係者の訴訟関与などの制度を構築し、関心のある国民などが違憲審査に関与する機会を保障することは今後検討すべき重要な課題の一つといえる。

(2) 憲法訴訟の当事者としての要請

最高裁と国会や政治部門との対話の契機として、最高裁の違憲判決が重要な意味をもつことはすでに指摘した。しかし、最高裁の違憲判決を引き出したのは、憲法上の争点を含んだ憲法訴訟を提起した国民などとそれを支えた弁護士などである。その意味で、憲法訴訟の当事者として説得力のある違憲論を展開し、最高裁を説得してきた国民と弁護士などは、違憲審査における憲法的対話の重要な主体と位置づけることができる。

すなわち、違憲審査においては、通常、法律などを違憲であると主張する国民など、それを合憲であると主張する国など、双方の意見をふまえて判断する裁判所が、憲法的対話の主体である。そして、憲法訴訟の当事者としての国民などは、最高裁と国会や政治部門とが憲法的対話を開始するためのスイッチを入れる重要な役割を担っているのである。

有意義な憲法的対話を実現するためには、憲法訴訟の当事者としての国民などには、弁護士などの援助を受け、より専門的な知識と考慮が求められる。加えて、最高裁による不必要な合憲判決を回避し、有意義な憲法的対話のスイッチを入れるためには、何に関する憲法訴訟を、どのような時期に提起し、いかなる内容の憲法論を展開すべきかなどにつき、戦略的な視点もふまえたより実践的な考慮も必要となる。有意義な憲法的対話を実現するためには、憲法に対する熱い思いだけではなく、高度の専門知識と冷静かつ戦略的な判断が不可欠であることを忘れてはならない。

終章　今そこにある対話

本書がその概要を粗描した対話的違憲審査の理論は、憲法的対話について考えられうる多様な理論の中から、日本国憲法の基本的枠組みに適合的で、かつ、最高裁判例とそれに基づく最高裁と他の国家機関との関係に係る日本の現状をふまえた理論を体系化したものである。その要点をまとめると以下のようになる。

第一に、最高裁と国会や政治部門との関係を、動画のように、時間の流れの中でダイナミックな相互作用として動態的に捉え、憲法保障は、最高裁の違憲審査という一つの点のみで実現するのではなく、最高裁と国会や政治部門、国民などとの対話という一連の相互作用のプロセスの中で実現すると考える。この憲法的対話の主要な主体は、最高裁、国会、行政府、地方公共団体、国民などである。そのため、人権保障や憲法保障は、最高裁のみの責務ではなく、国会や政治部門などの責務でもあることを再認識し、国民なども憲法問題を自覚的に考える姿勢が求められる。

第二に、日本においても、最高裁と国会や政治部門との対話のみならず、最高裁と地方公共団体との対話が実際に行われている。最高裁と国会との対話には、最高裁の違憲判決⇩国会の法改正という一回的な対話と、最高裁による違憲判決⇩国会による法改正⇩改正後の法律の違憲審査⇩更なる法改正という継続的な対話の二種類がある。最高裁と地方公共団体との間には、建設的な憲法的対話が行われた実例がある。このように、日本において対話が実現したのは、国会、行政府、地方公共団体が、最高裁の違憲判決を尊重し、違憲判決の趣旨に沿った対応をとることが必要であるという考えを共有していたためである。

第三に、対話的違憲審査の理論は、最高裁がより厳格に違憲審査を行うことを要請し、最高裁が司法積極主義的に違憲審査権を行使することや、最高裁が司法消極主義から司法積極主義へ変化することも正当化する。それと同時にこの理論は、違憲判決後の国会や政治部門による対応の余地を残すために、最高裁による違憲判断の示し方、違憲判決の効力、人権の救済方法などを現在よりも多様化させることを要請する。

このような対話理論を前提にすると、立法・行政・司法という三権の適正なバランスの内実は一連の対話の具体的内容に応じて相関的に変化しうるのであり、三権の関係もダイナミックに変化するものとしてとらえる必要がある。

日本国憲法は、憲法問題に関する対話を要請している。そして、日本においても最高裁、国会、行政府、地方公共団体、そして国民などが参加する憲法的対話が実際に行われている。しかし、これまで日本の憲法学界は、この対話にほとんど関心を示してこなかった。

今そこにある対話を、対話として正しく認識し、対話をより適切な方向へと導き、憲法保障をよりよく実現するための最初の一歩として本書は書かれた。

参考文献

ここでは必要最小限の参考文献を紹介する。より詳細な情報は、佐々木雅寿「対話的違憲審査の理論―法の支配と憲法的対話の融合―」『新世代法政策学研究』一九号一頁（二〇一三年）で引用されている文献を参照されたい。

◇カナダの対話理論について

・佐々木雅寿「カナダ憲法における人権保障の特徴」『ジュリスト』一二四四号一九六頁（二〇〇三年）。

・佐々木雅寿「カナダにおける裁判所と立法府の対話」『法学雑誌』五四巻一号一五頁（二〇〇七年）。

・P. Hogg & A. Bushell, "The Charter Dialogue Between Courts and Legislatures" (1997) 35 Osgoode Hall L.J. 75.

・P. Hogg & A. Thornton, "Reply to 'Six Degrees of Dialogue'" (1999) 37 Osgoode Hall L.J. 529.

・P. Hogg & A. Thornton, "The Charter Dialogue between Courts and Legislatures" in P. Howe & P.

Russell eds. *Judicial Power and Canadian Democracy* (McGill-Queen's University Press, 2001) at 106.
・P. Hogg, "The Charter Revolution: Is It Undemocratic?" (2001/2002) 12:1 Constitutional Forum 1.
・P. Hogg, "Discovering Dialogue" (2004), 23 S.C.L.R. (2d) 3.
・P. Hogg, *Constitutional Law of Canada*, 5th., ed., supplemented (Carswell, 2007).
・K. Roach, *The Supreme Court on Trial* (Irwin Law, 2001).
・K. Roach, "Dialogic Judicial Review and its Critics" (2004), 23 S.C.L.R. (2d) 49.
・C. Bateup, "The Dialogic Promise Assessing The Normative Potential of Theories of Constitutional Dialogue" (2006) 71 Brooklyn L. Rev. 1109.
・M. Tushnet, "The rise of weak-form judicial review" in T. Ginsburg & R. Dixon eds., *Comparative Constitutional Law* (Edward Elgar, 2011) 321.

◇日本の対話理論について

・新井誠「議会と裁判所の憲法解釈をめぐる一考察」小谷順子他編『現代アメリカの司法と憲法』一九〇頁（尚学社・二〇一三年）。
・大石眞「違憲審査機能の分散と統合」大石眞他編〔初宿還暦〕『各国憲法の差異と接点』二三七頁（成文堂・二〇一〇年）。

・尾形健「文化的な生活を実現する途」『ジュリスト』一四二二号六七頁（二〇一一年）。
・川岸令和「違憲裁判の影響力」戸松秀典・野坂泰司編『憲法訴訟の現状分析』九〇頁（有斐閣・二〇一二年）。
・佐々木雅寿「裁判官の独立とその正当性」『法学教室』二三三号六五頁（二〇〇〇年）六七頁。
・佐々木雅寿「日本における法の下の平等」『北大法学論集』五九巻五号一七二頁（二〇〇九年）。
・佐々木雅寿「対話的違憲審査の理論─法の支配と憲法的対話の融合─」『新世代法政策学研究』一九号一頁（二〇一三年）。
・土井真一「憲法判断の在り方──違憲審査の範囲及び違憲判断の方法を中心に」『ジュリスト』一四〇〇号五一頁（二〇一〇年）。
・土井真一「法の支配と違憲審査制」『論究ジュリスト』二号一六〇頁（二〇一二年）。
・戸松秀典『立法裁量論』（有斐閣・一九九三年）。
・戸松秀典『憲法訴訟　第2版』（有斐閣・二〇〇八年）。
・中村睦男「衆議院議員定数是正の成立と最高裁判決──一九八六年公職選挙法改正をめぐって」『北大法学論集』四〇巻五・六合併号上巻七七頁（一九九〇年）。
・中村睦男「最高裁判所の違憲判決に対する立法府の対応」中村睦男・大石眞編〔上田喜寿〕『立法の実務と理論』一九七頁（信山社・二〇〇五年）。
・畑尻剛「憲法訴訟における立法府と裁判所との協働─立法事実の変化とその対応をめぐって─」

『日本法学』七二巻二号三〇一頁（二〇〇六年）。
・安西文雄「憲法解釈をめぐる最高裁判所と議会の関係」『立教法学』六三号六一頁（二〇〇三年）。
・渡辺康行「『法の支配』の立憲主義的保障は『裁判官の支配』を超えうるか――『法の支配』論争を読む――」長谷部恭男他編『岩波講座憲法1　立憲主義の哲学的問題地平』五三頁（岩波書店・二〇〇七年）。

◇**対話理論の要請について**

・佐々木雅寿「ヨーロッパ人権保護条約、カナダ人権憲章および日本国憲法における人権制約原理」石部雅亮他編『法の国際化への道』二〇五頁（信山社、一九九四年）。
・佐々木雅寿『現代における違憲審査権の性格』（有斐閣、一九九五年）。
・佐々木雅寿「勧告的意見の可能性」高見勝利他編『日本国憲法解釈の再検討』三二三頁（有斐閣、二〇〇四年）。
・佐々木雅寿「カナダ憲法における比例原則の展開――『オークス・テスト（*Oakes* Test）』の内容と含意――」『北大法学論集』六三巻二号一頁（二〇一二年）。
・戸松秀典『憲法訴訟　第2版』（有斐閣・二〇〇八年）。
・戸波江二「国の関与しない違憲判決?」『法学教室』一六六号五九頁（一九九四年）。

・林屋礼二『憲法訴訟の手続理論』(信山社、一九九九年)。

◇国会の議事録について

・国立国会図書館の国会会議録検索システム(http://kokkai.ndl.go.jp/)参照。

［空知太神社事件］……………………………………187
札幌高判平成22年12月6日民集66巻2号702頁
［空知太神社事件差戻後控訴審］……………………189
最大判平成23年3月23日民集65巻2号755頁‥*105, 224, 235, 238*
最一小判平成24年2月16日民集66巻2号673頁
［空知太神社事件差戻後上告審］……………………190
東京高判平成24年4月26日判タ1381号105頁………………*236*
最大判平成24年10月17日判時2166号3頁……………………*140*

最一小判平成 7 年 6 月 8 日民集 49 巻 6 号 1443 頁 ……………… *96*
最大決平成 7 年 7 月 5 日民集 49 巻 7 号 1789 頁 ……………… *175*
最大判平成 8 年 9 月 11 日民集 50 巻 8 号 2283 頁 ……………… *119*
最大判平成 10 年 9 月 2 日民集 52 巻 6 号 1373 頁 ……………… *122*
最大判平成 11 年 11 月 10 日民集 53 巻 8 号 1441 頁 …………… *101*
最一小判平成 12 年 1 月 27 日判時 1707 号 121 頁 ……………… *177*
最大判平成 12 年 9 月 6 日民集 54 巻 7 号 1997 頁 ………… *124, 199*
最三小判平成 13 年 12 月 18 日民集 55 巻 7 号 1647 頁 ………… *102*
最大判平成 14 年 9 月 11 日民集 56 巻 7 号 1439 頁
　　［郵便法違憲判決］………………………………………………… *60*
最二小判平成 14 年 11 月 22 日判時 1808 号 55 頁 ……………… *174*
最二小判平成 15 年 3 月 28 日判時 1820 号 62 頁 ………………… *178*
最一小判平成 15 年 3 月 31 日判時 1820 号 64 頁 …… *180, 198, 207, 217*
最大判平成 16 年 1 月 14 日民集 58 巻 1 号 56 頁 ……… *126, 208, 238*
最大判平成 17 年 9 月 14 日民集 59 巻 7 号 2087 頁
　　［在外国民選挙権制限違憲判決］…………………………………… *66*
最大判平成 18 年 10 月 4 日民集 60 巻 8 号 2696 頁
　　………………………………………………… *132, 225, 235, 238*
最二小決平成 19 年 3 月 23 日民集 61 巻 2 号 619 頁 ……………… *26*
最大判平成 19 年 6 月 13 日民集 61 巻 4 号 1617 頁 ………… *102, 208*
最三小判平成 19 年 9 月 18 日刑集 61 巻 6 号 601 頁
　　［広島市暴走族追放条例事件］………………………………… *191*
最大判平成 20 年 6 月 4 日民集 62 巻 6 号 1367 頁
　　［国籍法違憲判決］…………………………………………… *153, 210*
最二小決平成 21 年 9 月 30 日判時 2064 号 61 頁 ………………… *182*
最大判平成 21 年 9 月 30 日民集 63 巻 7 号 1520 頁 ………… *135, 226*
最大判平成 22 年 1 月 20 日民集 64 巻 1 号 1 頁

判例索引

最大判昭和 34 年 12 月 16 日刑集 13 巻 13 号 3225 頁
［砂川事件判決］……………………………………… *232*
最大判昭和 35 年 6 月 8 日民集 14 巻 7 号 1206 頁
［苫米地事件判決］…………………………………… *233*
最大判昭和 39 年 2 月 5 日民集 18 巻 2 号 270 頁 ………………… *114*
最大判昭和 48 年 4 月 4 日刑集 27 巻 3 号 265 頁
［尊属殺重罰規定違憲判決］………………………… *28*
最一小判昭和 49 年 4 月 25 日集民 111 号 41 頁 ………………… *114*
最大判昭和 50 年 4 月 30 日民集 29 巻 4 号 572 頁
［薬事法違憲判決］…………………………………… *50*
最大判昭和 51 年 4 月 14 日民集 30 巻 3 号 223 頁 ………… *82, 223*
最大判昭和 58 年 4 月 27 日民集 37 巻 3 号 345 頁 ………… *117, 225*
最大判昭和 58 年 11 月 7 日民集 37 巻 9 号 1243 頁 ………… *84, 224*
最大判昭和 59 年 12 月 12 日民集 38 巻 12 号 1308 頁
［札幌税関事件判決］………………………………… *184*
最大判昭和 60 年 7 月 17 日民集 39 巻 5 号 1100 頁 ………………… *87*
最一小判昭和 61 年 3 月 27 日判時 1195 号 66 頁 ………………… *118*
最大判昭和 62 年 4 月 22 日民集 41 巻 3 号 408 頁
［森林法違憲判決］ ………………………………… *56, 229*
最一小判昭和 62 年 9 月 24 日判時 1273 号 35 頁 ………………… *118*
最二小判昭和 63 年 10 月 21 日民集 42 巻 8 号 644 頁 ……………… *89*
最二小判昭和 63 年 10 月 21 日判時 1321 号 123 頁 ……………… *119*
最大判平成 5 年 1 月 20 日民集 47 巻 1 号 67 頁 ………… *92, 197, 206*

な　行

は　行

ま　行

や　行

ら　行

事項索引

あ　行

か　行

佐々木　雅寿（ささき　まさとし）　北海道大学大学院法学研究科教授
1963年札幌生まれ。北海道大学大学院法学研究科修士課程・トロント大学大学院法学研究科修士課程（LL.M.）修了。博士（法学）（北海道大学）。
北海道大学法学部助手・大阪市立大学法学部助手を経て、1991年から2001年まで大阪市立大学法学部助教授、2001年から2007年まで同教授。2007年より現職。
専攻は、憲法学。

主要著作

『現代における違憲審査権の性格』〈単著〉（有斐閣・1995年）
『グローバル化時代の法と法律家』〈共編〉（日本評論社・2004年）
『はじめての憲法学　第2版』〈共著〉（三省堂・2010年）
『判例講義憲法Ⅱ』〈共著〉（悠々社・2010年）

対話的違憲審査の理論

2013年9月15日　第1刷発行

著　者　佐々木雅寿
発行者　株式会社　三省堂
代表者　北口克彦
印刷者　三省堂印刷株式会社
発行所　株式会社　三省堂
〒101-8371　東京都千代田区三崎町二丁目22番14号
電話　編集　(03) 3230-9411
営業　(03) 3230-9412
振替口座　00160-5-54300
http://www.sanseido.co.jp/

〈対話的違憲審査の理論・272pp.〉

落丁本・乱丁本はお取替えいたします　Printed in Japan
ISBN978-4-385-32249-0